Hans-Günter Heumann
PIANO KIDS CHRISTMAS FUN

Lieder, Geschichten und vieles mehr
für eine fröhliche Weihnachtszeit

Illustrationen von Andreas Schürmann

ED 9393

Mainz · London · Madrid · Paris · New York · Tokyo · Beijing

VORWORT

Liebe Kinder,

ein altes Sprichwort sagt: „Vorfreude ist die schönste Freude". Das könnt ihr mir sicher bestätigen: denn wer freut sich nicht auf Geschenke, Zimtduft aus der Küche und auf den Tannenbaum? Um die Vorfreude voll auszukosten, habe ich hier in dem vorliegenden Band einige Überraschungen für euch zusammengetragen.

Die Weihnachtszeit ist auch die Zeit der Musik: es wird viel gesungen und gespielt. In diesem Spielheft findet ihr eine Auswahl von schönen und bekannten Weihnachtsliedern. Neben einigen modernen Liedern dürfen natürlich auch die altbekannten Melodien nicht fehlen.

Sicher bastelt und backt ihr besonders gerne in der Weihnachtszeit! Vorschläge dafür findet ihr ebenso wie die Weihnachtsgeschichte, Gedichte, Wissenswertes über Bräuche und die Weihnachtsbescherung in anderen Ländern. Und außerdem: eine Antwort auf die Frage, ob es einen Weihnachtsmann gibt.

Viel Spaß beim Musizieren und Singen
und Frohe Weihnachten wünscht euch

Euer
Hans-Günter Heumann

Impressum

Bestellnummer: ED 9393
ISMN: 979-0-001-13108-7
ISBN: 978-3-7957-5579-9
Cover: Andreas Schürmann
© 2001 Schott Music GmbH & Co. KG, Mainz
Printed in Germany · BSS 50505

INHALT

① Morgen kommt der Weihnachtsmann (einstimmig und vierhändig) 4
② Morgen kommt der Weihnachtsmann (etwas schwieriger) 5
③ Lasst uns froh und munter sein (einstimmig und vierhändig) 6
④ Lasst uns froh und munter sein (etwas schwieriger) 7
⑤ Jingle Bells 8
⑥ Kommet, ihr Hirten 9
⑦ Alle Jahre wieder 10
⑧ Ihr Kinderlein kommet 11
Gibt es einen Weihnachtsmann? 12
⑨ The Little Drummer Boy 14
⑩ Kling, Glöckchen, kling 16
„Knecht Ruprecht", Gedicht von Theodor Storm 17
⑪ Süßer die Glocken nie klingen 18
⑫ Stille Nacht, heilige Nacht 20
Weihnachtsbastelei 22
⑬ Leise rieselt der Schnee 24
⑭ Stern über Bethlehem 25
⑮ Morgen, Kinder, wird's was geben 26
⑯ O du fröhliche 27
⑰ Gloria 28
⑱ Fröhliche Weihnacht überall 30
Weihnachtsbescherung in anderen Ländern 32
⑲ Rudolph, the Red-Nosed Reindeer 34
⑳ Herbei, o ihr Gläub'gen 38
㉑ Am Weihnachtsbaum die Lichter brennen 40
㉒ O Tannenbaum 41
㉓ Inmitten der Nacht 42
㉔ Vom Himmel hoch, da komm' ich her 43
Die Weihnachtsgeschichte, nach Lukas 44
㉕ The First Nowell 46
㉖ Es ist ein Ros' entsprungen 48
㉗ Tochter Zion, freue dich 50
㉘ In der Weihnachtsbäckerei 52
Aus der Weihnachtsbäckerei 54
㉙ We wish you a Merry Christmas 55
㉚ Joy to the World 56
㉛ In dulci jubilo 58
㉜ Still, still, still 59
㉝ Deck the Hall 60
㉞ Petersburger Schlittenfahrt 61
„Weihnachten", Gedicht von Joseph v. Eichendorff 64

MORGEN KOMMT DER WEIHNACHTSMANN

Worte: Hoffmann von Fallersleben
Weise: aus Frankreich
Arr.: Hans-Günter Heumann

1. Mor-gen kommt der Weih-nachts-mann, kommt mit sei-nen Ga-ben.

Bun-te Lich-ter, Sil-ber-zier, Kind mit Krip-pe, Schaf und Stier,

Zot-tel-bär und Pan-ter-tier möcht' ich ger-ne ha-ben.

2. Doch du weißt ja unsern Wunsch,
   kennst ja unsre Herzen.
   Kinder, Vater und Mama,
   auch sogar der Großpapa,
   alle, alle sind wir da,
   warten dein mit Schmerzen.

Secondo

*) Spiele beim Zusammenspiel mit dem Secondo-Part die Melodie (verteilt auf zwei Hände) bis zum Schluss eine Oktave höher als notiert.

© 2001 Schott Musik International, Mainz

MORGEN KOMMT DER WEIHNACHTSMANN

Worte: Hoffmann von Fallersleben
Weise: aus Frankreich
Arr.: Hans-Günter Heumann

1. Mor - gen kommt der Weih - nachts - mann, kommt mit sei - nen Ga - ben.
Bun - te Lich - ter, Sil - ber - zier, Kind mit Krip - pe, Schaf und Stier,
Zot - tel - bär und Pan - ter - tier möcht' ich ger - ne ha - ben.

© 2001 Schott Musik International, Mainz

LASST UNS FROH UND MUNTER SEIN

Nikolaus-Lied

Worte und Weise: aus dem Hunsrück
Arr.: Hans-Günter Heumann

2. Bald ist unsre Schule aus,
   dann ziehn wir vergnügt nach Haus.
   Lustig, ...

3. Dann stell' ich den Teller auf,
   Nik'laus legt gewiss was drauf.
   Lustig, ...

4. Steht der Teller auf dem Tisch,
   sing' ich nochmals froh und frisch:
   Lustig, ...

5. Wenn ich schlaf', dann träume ich:
   Jetzt bringt Nik'laus was für mich.
   Lustig, ...

6. Wenn ich aufgestanden bin,
   lauf' ich schnell zum Teller hin.
   Lustig, ...

7. Nik'laus ist ein braver Mann
   den man nicht genug loben kann.
   Lustig, ...

Secondo

*) Spiele beim Zusammenspiel mit dem Secondo-Part die Melodie (verteilt auf zwei Hände) bis zum Schluss eine Oktave höher als notiert.

JINGLE BELLS

Text und Melodie: James Pierpont
Arr.: Hans-Günter Heumann

© 2001 Schott Musik International, Mainz

KOMMET, IHR HIRTEN

Worte: Karl Riedel
Weise: aus Böhmen
Arr.: Hans-Günter Heumann

1. Kommet, ihr Hirten, ihr Männer und Fraun,
   kommet, das liebliche Kindlein zu schaun!
   Christus, der Herr, ist heute geboren,
   den Gott zum Heiland euch hat erkoren.
   Fürchtet euch nicht!

2. Lasset uns sehen in Bethlehems Stall,
   was uns verheißen der himmlische Schall.
   Was wir dort finden, lasset uns künden,
   lasset uns preisen in frommen Weisen:
   Halleluja!

3. Wahrlich, die Engel verkündigen heut'
   Bethlehems Hirtenvolk gar große Freud'.
   Nun soll es werden Friede auf Erden,
   den Menschen allein ein Wohlgefallen:
   Ehre sei Gott!

© 2001 Schott Musik International, Mainz

ALLE JAHRE WIEDER

Worte: Wilhelm Hey
Weise: Friedrich Silcher
Arr.: Hans-Günter Heumann

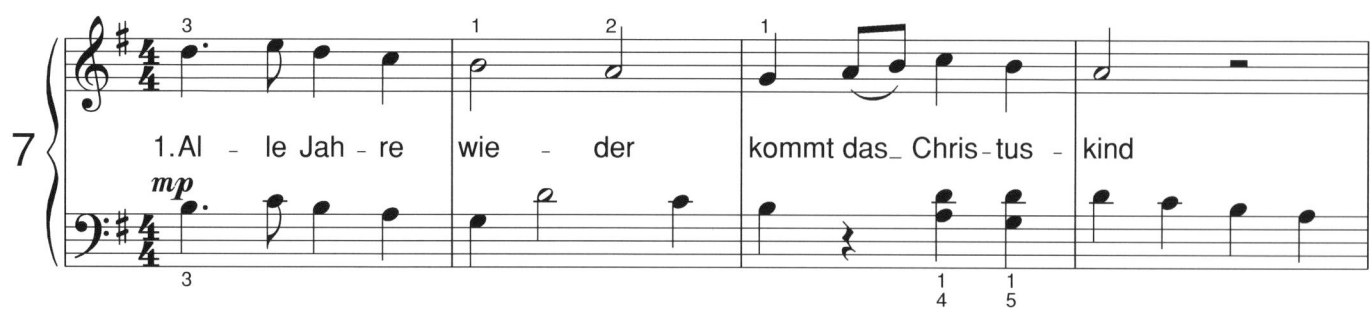

© 2001 Schott Musik International, Mainz

2. Kehrt mit seinem Segen
ein in jedes Haus,
geht auf allen Wegen
mit uns ein und aus.

3. Steht auch mir zur Seite,
still und unerkannt,
dass es treu mich leite
an der lieben Hand.

IHR KINDERLEIN KOMMET

Worte: Christoph von Schmid
Weise: Johann Abraham Peter Schulz
Arr.: Hans-Günter Heumann

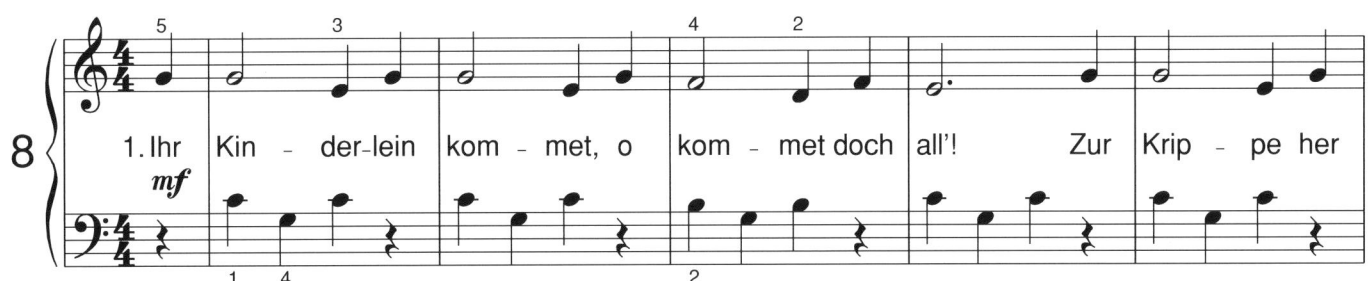
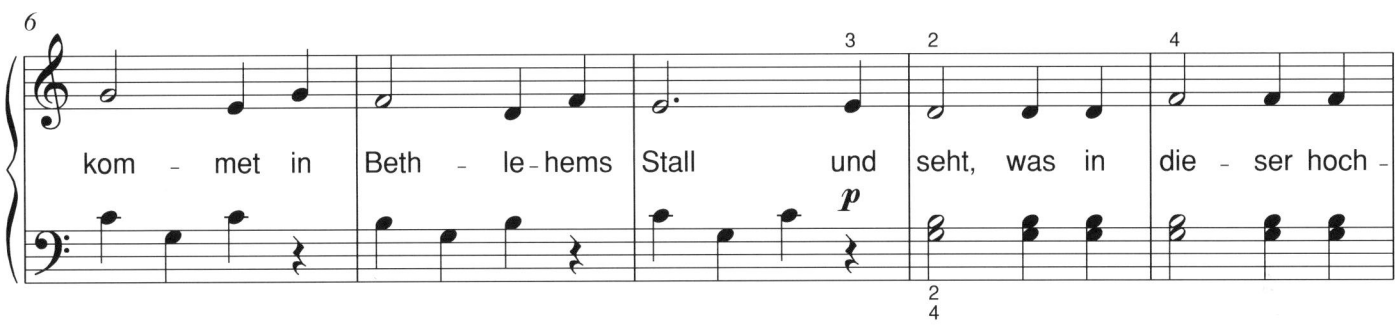

© 2001 Schott Musik International, Mainz

Die Krippe

Schon im Jahre 1223 soll der heilige „Franz von Assisi" als erster die Idee von einer Darstellung der Weihnachtsgeschichte mit Figuren gehabt haben. Bald bauten auch Klöster Krippen zur Weihnachtszeit auf. In Spanien stellt man statt des Weihnachtsbaums eine Krippe im Zimmer auf.

2. O seht in der Krippe im nächtlichen Stall,
   seht hier bei des Lichtleins hellglänzendem Strahl
   den lieblichen Knaben, das himmlische Kind,
   viel schöner und holder als Engelein sind!

3. Da liegt es, das Kindlein, auf Heu und auf Stroh,
   Maria und Joseph betrachten es froh.
   Die redlichen Hirten knien betend davor,
   hoch oben schwebt jubelnd der Engelein Chor.

GIBT ES EINEN WEIHNACHTSMANN?

Im Jahre 1897 schrieb die achtjährige Virginia aus New York folgenden Brief an die Zeitung „Sun":

Einige von meinen ~~Fre~~ Freunden sagen, es gibt keinen Weihnachtsmann. Papa sagt, was in der Sun steht, ist immer wahr. Bitte sagen Sie mir: Gibt es einen Weihnachtsmann?
Virginia

Die Antwort des Chefredakteurs erschien von nun an Jahr für Jahr auf der ersten Seite dieser Tageszeitung bis zur Einstellung der „Sun" im Jahre 1950:

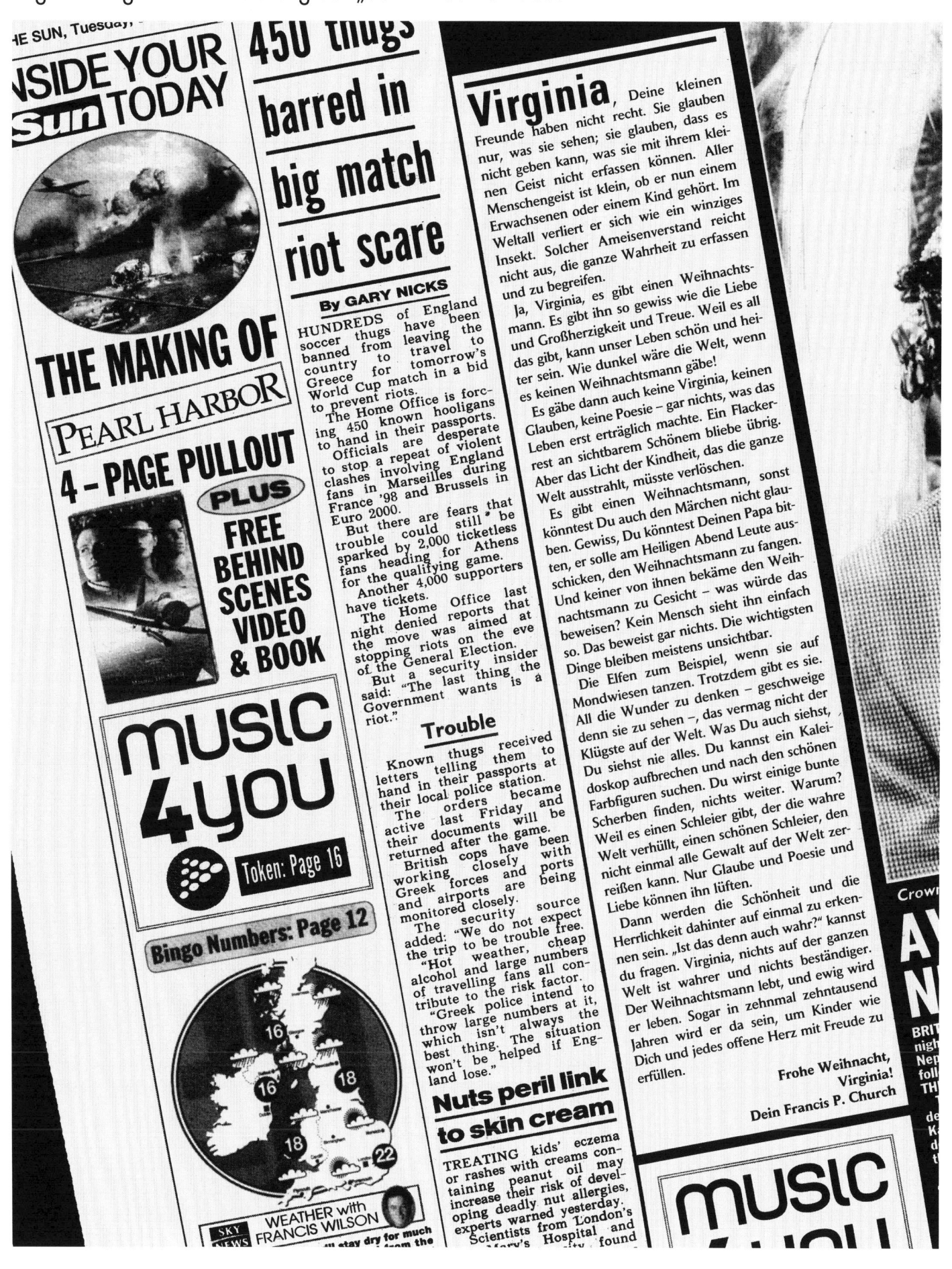

THE LITTLE DRUMMER BOY

Musik und Text: K. Davis/H. Onorati/H. Simeone
Arr.: Hans-Günter Heumann

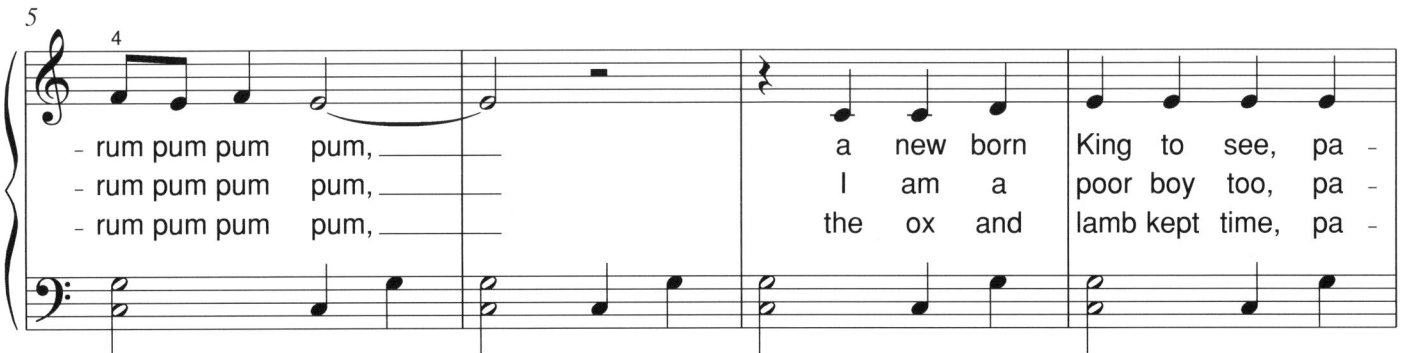

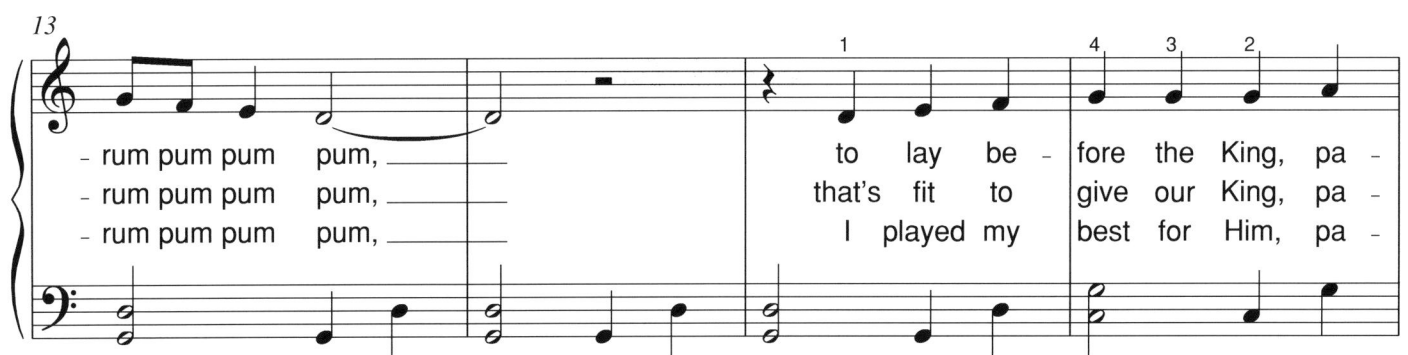

© 1958 EMI Mills Music, INC.
Exclusive Worldwide Print Rights Administered by ALFRED MUSIC.
All Rights Reserved. Used by Permission by Faber Music Limited on behalf of Alfred Music.

KLING, GLÖCKCHEN, KLING

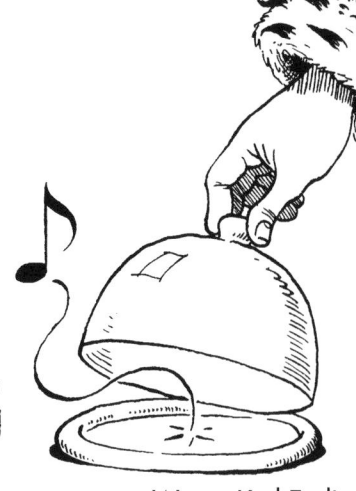

Worte: Karl Enslin
Weise: Benedikt Widmann
Arr.: Hans-Günter Heumann

© 2001 Schott Musik International, Mainz

2. Kling, Glöckchen, klingelingeling,
kling, Glöckchen kling!
Mädchen hört und Bübchen,
macht mir auf das Stübchen,
bring' euch viele Gaben,
sollt euch dran erlaben.
Kling, Glöckchen, klingelingeling,
kling Glöckchen, kling!

3. Kling, Glöckchen, klingelingeling,
kling, Glöckchen, kling!
Hell erglühn die Kerzen,
öffnet mir die Herzen!
Will drin wohnen fröhlich,
frommes Kind, wird selig.
Kling, Glöckchen, klingelingeling,
kling, Glöckchen, kling!

KNECHT RUPRECHT

Von drauß', vom Walde komm ich her.
Ich muss euch sagen, es weihnachtet sehr!
Allüberall auf den Tannenspitzen
sah ich goldene Lichtlein blitzen.
Und droben aus dem Himmelstor
sah mit großen Augen das Christkind hervor.
Und wie ich so strolcht durch den finsteren Tann,
da rief's mich mit heller Stimme an:
Knecht Ruprecht, rief es, alter Gesell,
hebe die Beine und spute dich schnell!

Die Kerzen fangen zu brennen an,
das Himmelstor ist aufgetan.
Alt und Junge sollen nun
von der Jagd des Lebens einmal ruhn.
Und morgen flieg ich hinab zur Erden,
denn es soll wieder Weihnachten werden!

Ich sprach: O lieber Herre Christ,
meine Reise fast zu Ende ist.
Ich soll nur noch in diese Stadt,
wo's eitel gute Kinder hat.
Hast denn das Säcklein auch bei dir?
Ich sprach: Das Säcklein, das ist hier,
denn Äpfel, Nuss und Mandelkern
essen fromme Kinder gern.
Hast denn die Rute auch bei dir?
Ich sprach: Die Rute, die ist hier.
Doch für die Kinder nur, die schlechten,
die trifft sie auf den Teil, den rechten.

Christkind sprach: So ist es recht.
So geh mit Gott, mein treuer Knecht!

Von drauß', vom Walde komm ich her.
Ich muss euch sagen, es weihnachtet sehr!
Nun sprecht, wie ich's herinnen find:
Sind's gute Kind, sind's böse Kind?

                    Theodor Storm

SÜSSER DIE GLOCKEN NIE KLINGEN

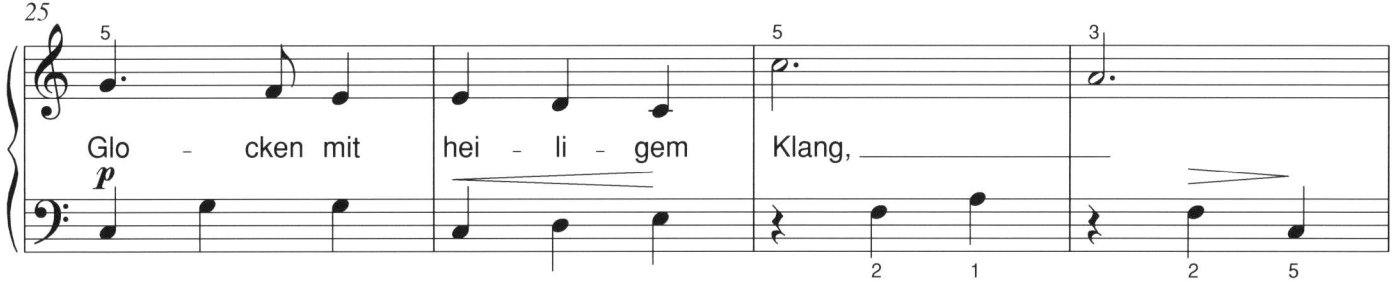
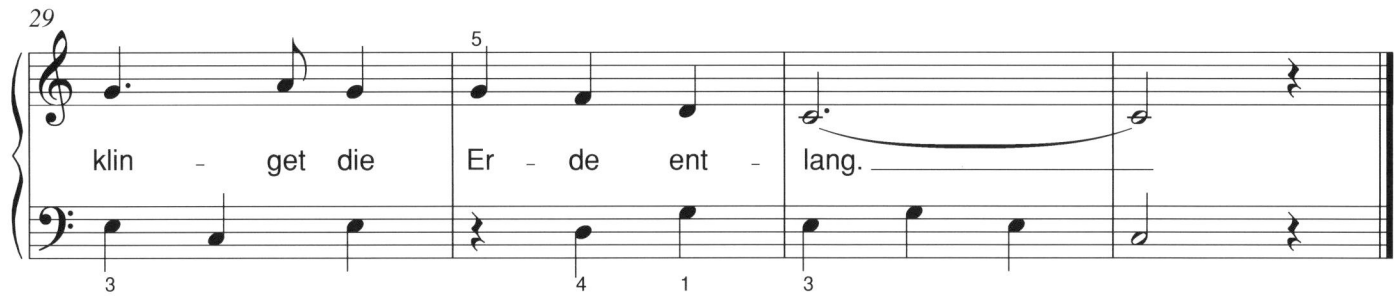

2. O, wenn die Glocken erklingen,
   schnell sie das Christkindlein hört,
   tut sich vom Himmel dann schwingen
   eilet hiernieder zur Erd'.
   Segnet den Vater, die Mutter, das Kind,
   segnet den Vater, die Mutter, das Kind,
   Glocken mit heiligem Klang,
   klinget die Erde entlang.

3. Klinget mit lieblichem Schalle
   über die Meere noch weit,
   dass sich erfreuen doch alle
   seliger Weihnachtszeit.
   Alle jauchzen mit frohem Gesang,
   alle jauchzen mit frohem Gesang!
   Glocken mit heiligem Klang,
   klinget die Erde entlang.

STILLE NACHT, HEILIGE NACHT

Worte: Joseph Mohr
Weise: Franz Gruber
Arr.: Hans-Günter Heumann

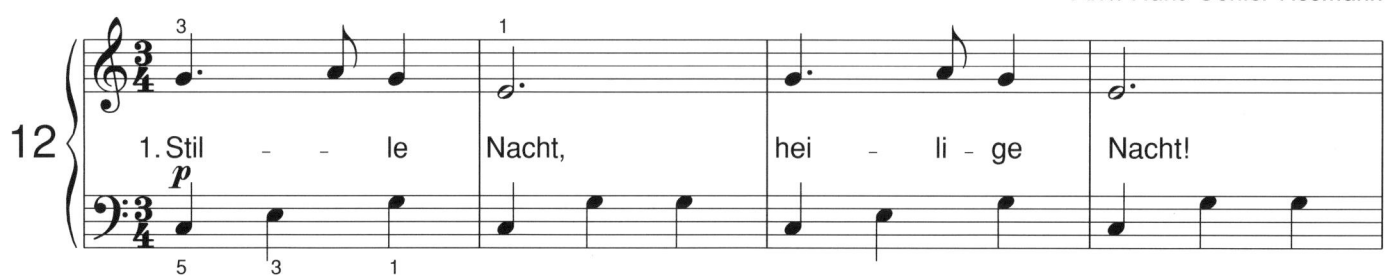

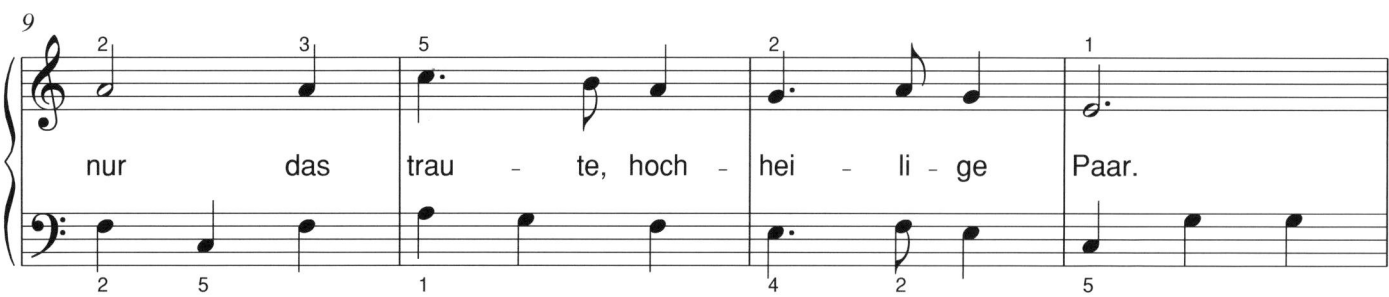

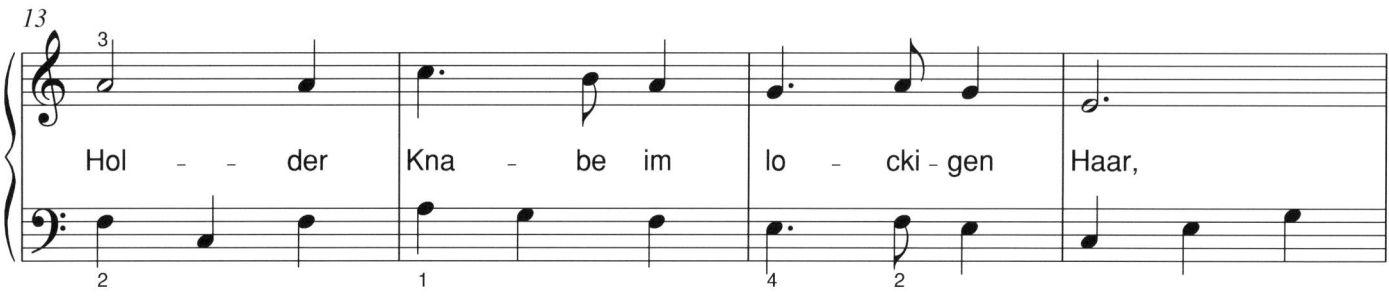

© 2001 Schott Musik International, Mainz

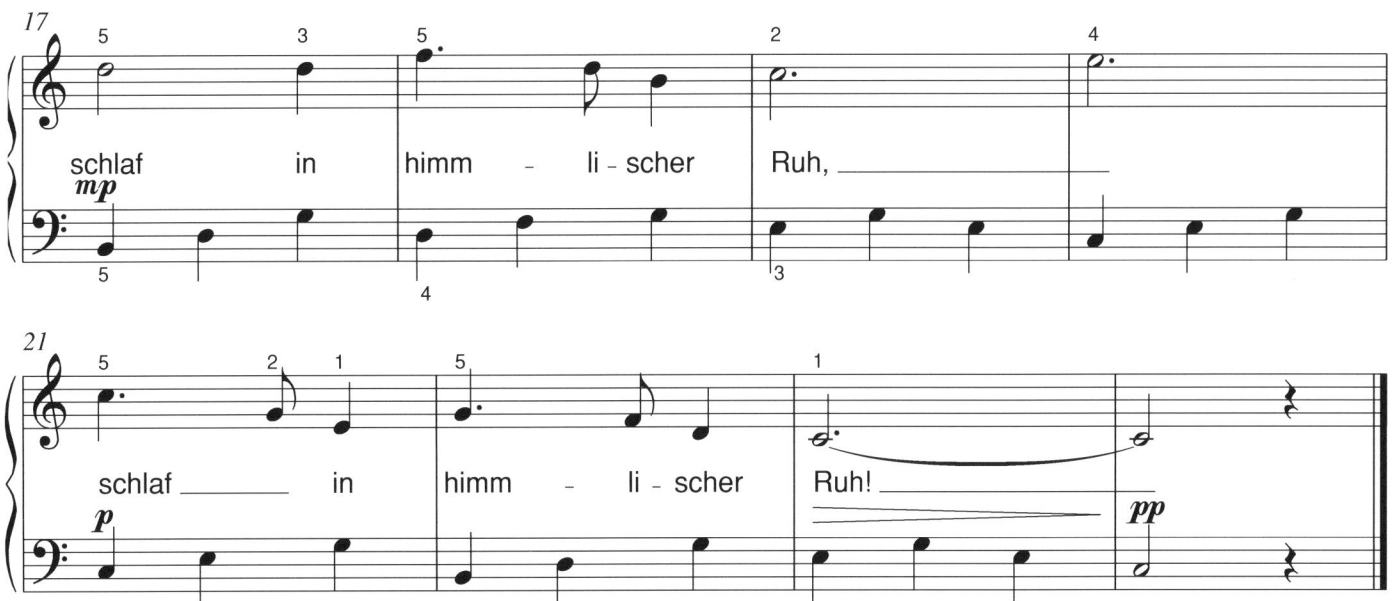

2. Stille Nacht, heilige Nacht!
Hirten erst kundgemacht
durch der Engel Halleluja
tönt es laut von fern und nah:
Christ, der Retter, ist da,
Christ, der Retter, ist da!

3. Stille Nacht, heilige Nacht!
Gottes Sohn, o wie lacht
Lieb' aus deinem göttlichen Mund,
da uns schlägt die rettende Stund',
Christ, in deiner Geburt,
Christ, in deiner Geburt!

Wusstet ihr schon ...

... dass wir dieses Lied kleinen Mäusen zu verdanken haben, die den Blasebalg der Kirchenorgel im österreichischen Oberndorf bei Salzburg zerfraßen?
Es war am 24. Dezember 1818, nur noch wenige Stunden bis zur Christ-Mette! Der Hilfspriester Joseph Mohr schrieb schnell drei Strophen aufs Papier, die sein Freund und Organist Franz Xaver Gruber vertonte (für Gitarre, 2 Solostimmen und Chor). Heute ist es das berühmteste Weihnachtslied der Welt.

WEIHNACHTSBASTELEI

Weihnachtsklammern

Das brauchst du:

- Tonpapier
- Tonpappe
- Butterbrotpapier
- Klebestift
- Hölzerne Wäscheklammer
- Glitzersternchen, Schleifen und andere Dinge zum Verzieren

So machst du dir eine Schablone:

Lege Butterbrotpapier auf das Motiv, das du basteln möchtest und male mit einem Filzstift die Konturen (Umrisse, siehe Abbildung 1) nach.

Klebe dann das Butterbrotpapier auf Tonpapier und schneide dein Motiv sauber aus (siehe Abbildung 2):
Nun ist deine Schablone fertig!
Jetzt kannst du sie auf Tonpappe (oder Metallfolie) legen, die Konturen mit einem Bleistift nachziehen und ausschneiden. Mit Glitzersternchen, Pailletten, Glitzerpulver, Schleifchen und vielen anderen Dingen kannst du sie dann weihnachtlich verzieren.

Dann musst du dein fertiges Werk nur noch auf eine Wäscheklammer kleben – fertig!
Geschenke, Tannenzweige oder auch der Tannenbaum werden mit deinen Weihnachtsklammern noch schöner aussehen.

LEISE RIESELT DER SCHNEE

Worte und Weise: Eduard Ebel
Arr.: Hans-Günter Heumann

1. Leise rieselt der Schnee,
still und starr ruht der See,
weihnachtlich glänzet der Wald:
Freue dich, Christkind kommt bald!

© 2001 Schott Musik International, Mainz

2. In den Herzen ist's warm,
   still schweigt Kummer und Harm,
   Sorge des Lebens verhallt:
   Freue dich, Christkind kommt bald!

3. Bald ist heilige Nacht,
   Chor der Engel erwacht,
   hört nur, wie lieblich es schallt:
   Freue dich, Christkind kommt bald!

STERN ÜBER BETHLEHEM

Text und Melodie: Alfred Hans Zoller
Arr.: Hans-Günter Heumann

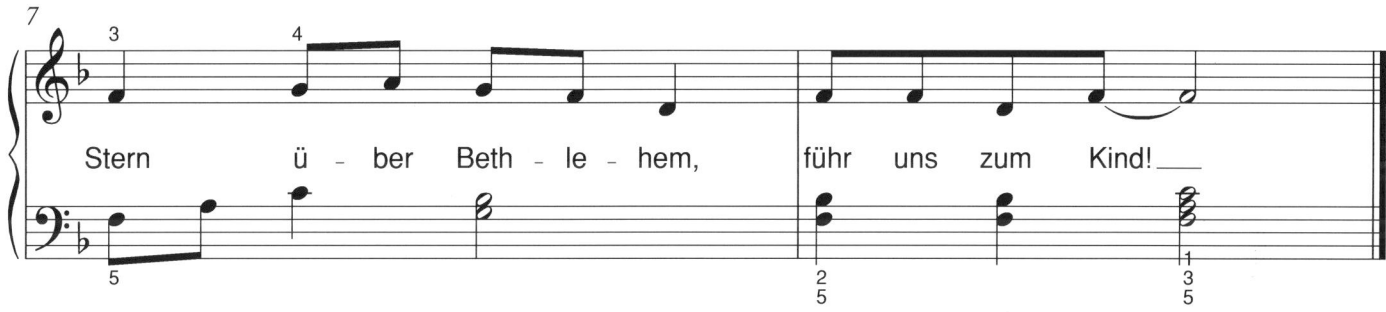

© by Gustav Bosse Verlag, Kassel

2. Stern über Bethlehem, nun bleibst du stehn
und lässt uns alle das Wunder hier sehn,
das da geschehen, was niemand gedacht,
Stern über Bethlehem, in dieser Nacht.

3. Stern über Bethlehem, wir sind am Ziel,
denn dieser arme Stall birgt doch so viel!
Du hast uns hergeführt, wir danken dir.
Stern über Bethlehem, wir bleiben hier!

4. Stern über Bethlehem, kehrn wir zurück,
steht noch dein heller Schein in unsrem Blick,
und was uns froh gemacht, teilen wir aus,
Stern über Bethlehem, schein auch zu Haus!

MORGEN, KINDER, WIRD'S WAS GEBEN

Worte: Karl Friedrich Splittegarb
Weise: Karl Gottlieb Hering
Arr.: Hans-Günter Heumann

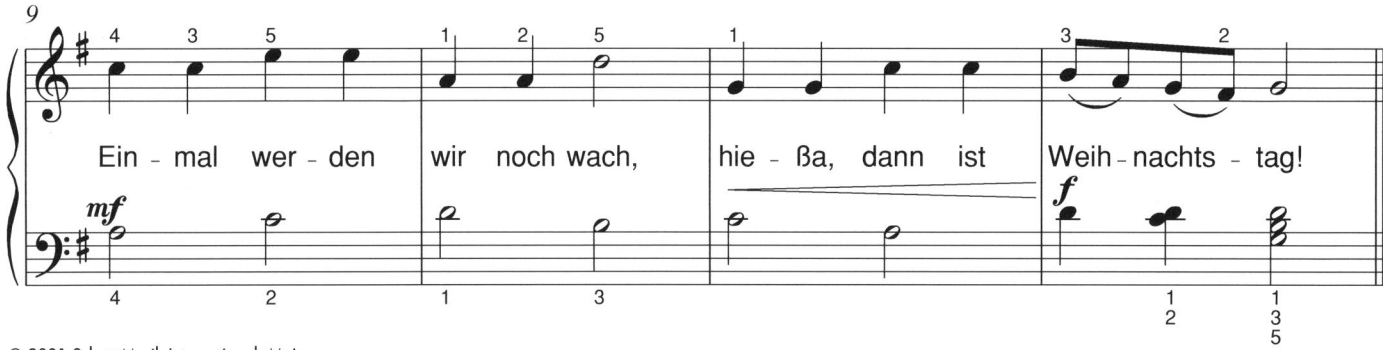

© 2001 Schott Musik International, Mainz

2. Wie wird dann die Stube glänzen
   von der großen Lichterzahl!
   Schöner als bei frohen Tänzen
   ein geputzter Kronensaal.
   Wisst ihr noch, wie vor'ges Jahr
   es am Heil'gen Abend war?

3. Wisst ihr noch mein Räderpferdchen,
   Malchens nette Schäferin,
   Jettchens Küche mit dem Herdchen
   und dem blankgeputzten Zinn?
   Heinrichs bunten Harlekin
   mit der gelben Violin?

O DU FRÖHLICHE

Worte: Johannes David Falk
Weise: aus Sizilien
Arr.: Hans-Günter Heumann

1. O du fröhliche, o du selige, gnadenbringende Weihnachtszeit! Welt ging verloren, Christ ist geboren: Freue, freue dich, o Christenheit!

© 2001 Schott Musik International, Mainz

2. O du fröhliche, o du selige,
   gnadenbringende Weihnachtszeit!
   Christ ist erschienen, uns zu versöhnen:
   Freue, freue dich, o Christenheit!

3. O du fröhliche, o du selige,
   gnadenbringende Weihnachtszeit!
   Himmlische Heere jauchzen dir Ehre:
   Freue, freue dich, o Christenheit!

GLORIA

(Engel auf den Feldern singen)

Worte und Weise: aus Frankreich
deutscher Text: Heinz Cammin
Arr.: Hans-Günter Heumann

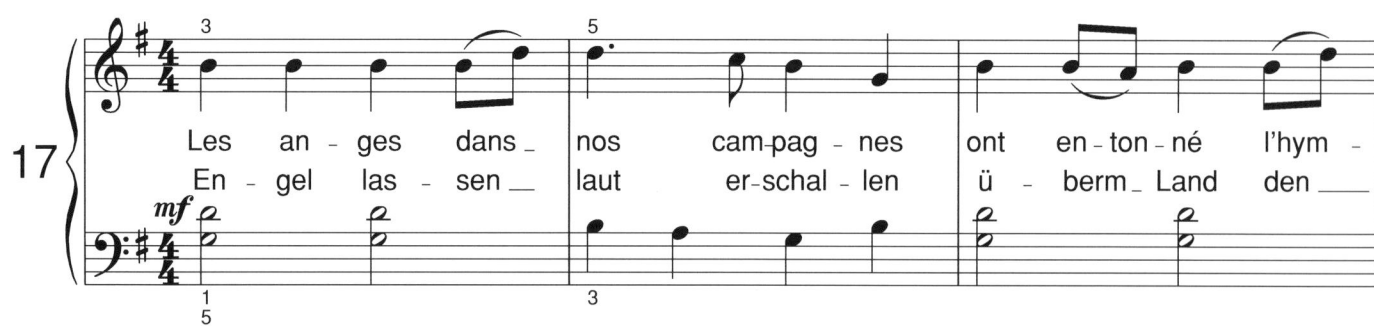

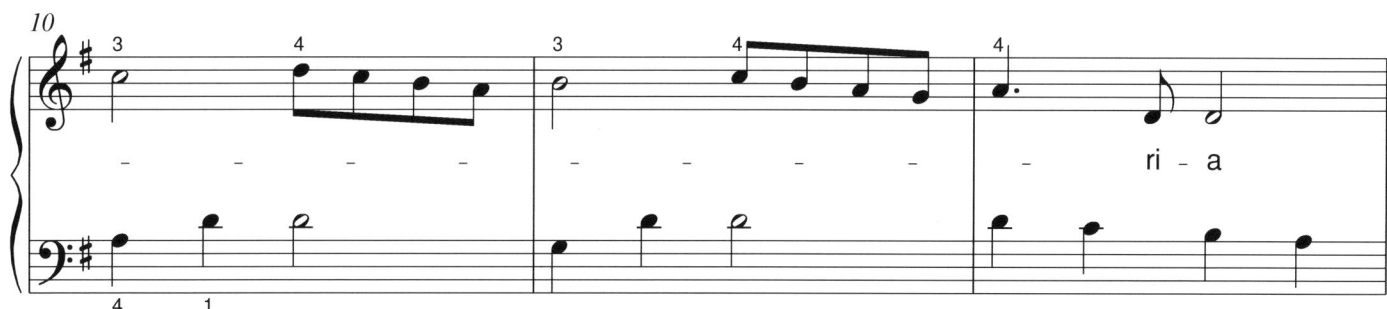

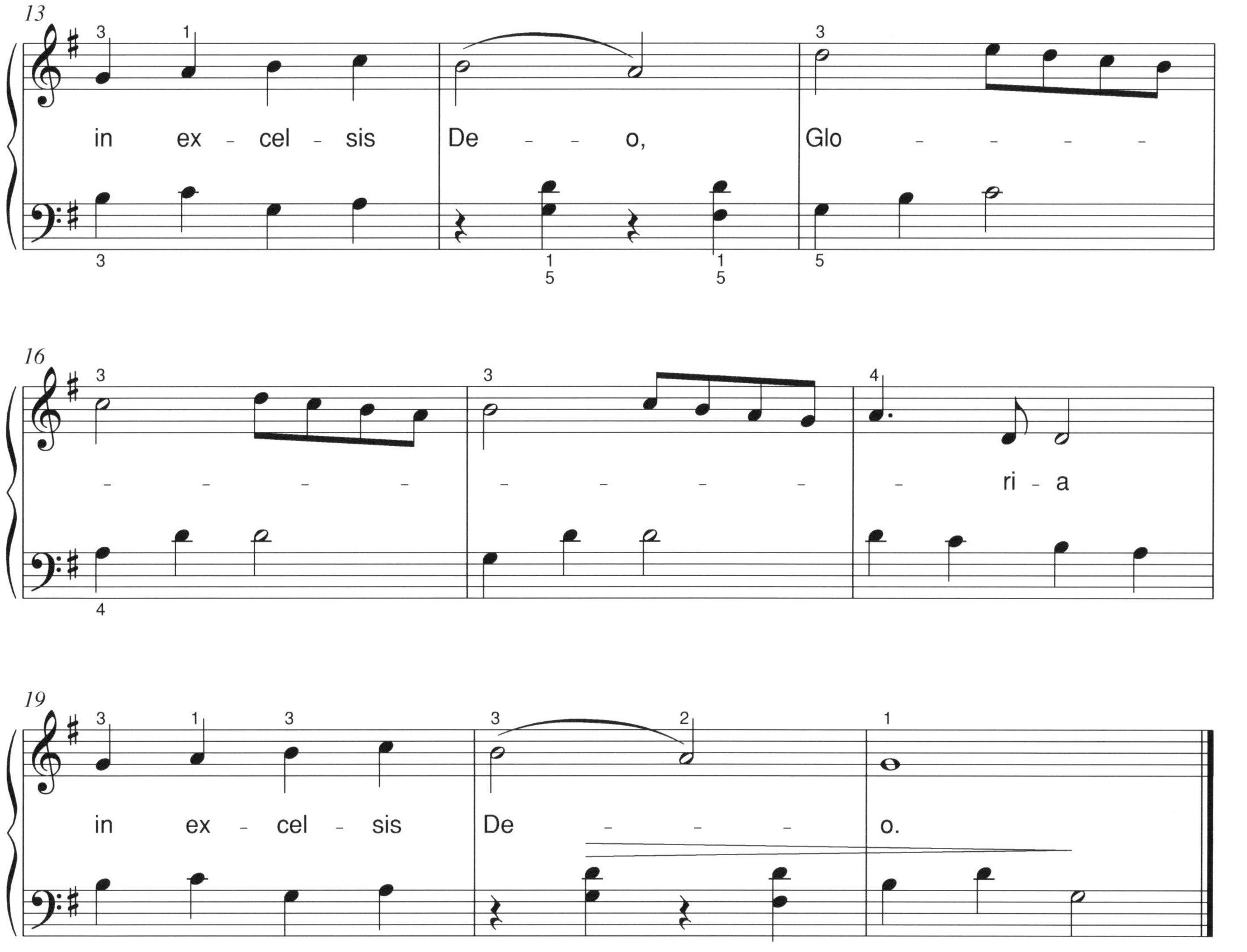

13
in ex - cel - sis De - - - o, Glo - - - - -
16
- - - - - - - - - - - ri - a
19
in ex - cel - sis De - - - - o.

Ehre sey GOtt in der Höhe, und
Friede auf Erden, und dem Men-
schen ein Wohlgefallen.
Und das habt zum Zeichen:
werdet finden das Kind in
Tutti.
Choral.
Herrscher des Himmels erhöre da
Lallen,
Laß dir die matten Gesänge gefallen.
Wenn dich dein Zion mit Psalme
Recit.
So recht: ihr Engel jauchzt und singet,
Daß es uns heut so schön gelinget;
Choral.
Fürchtet euch nicht,
kündige euch grosse
allem Volck wiederfal
Denn euch ist heute
ARIA.
SCHOTT VERLAG MAINZ
AS 01

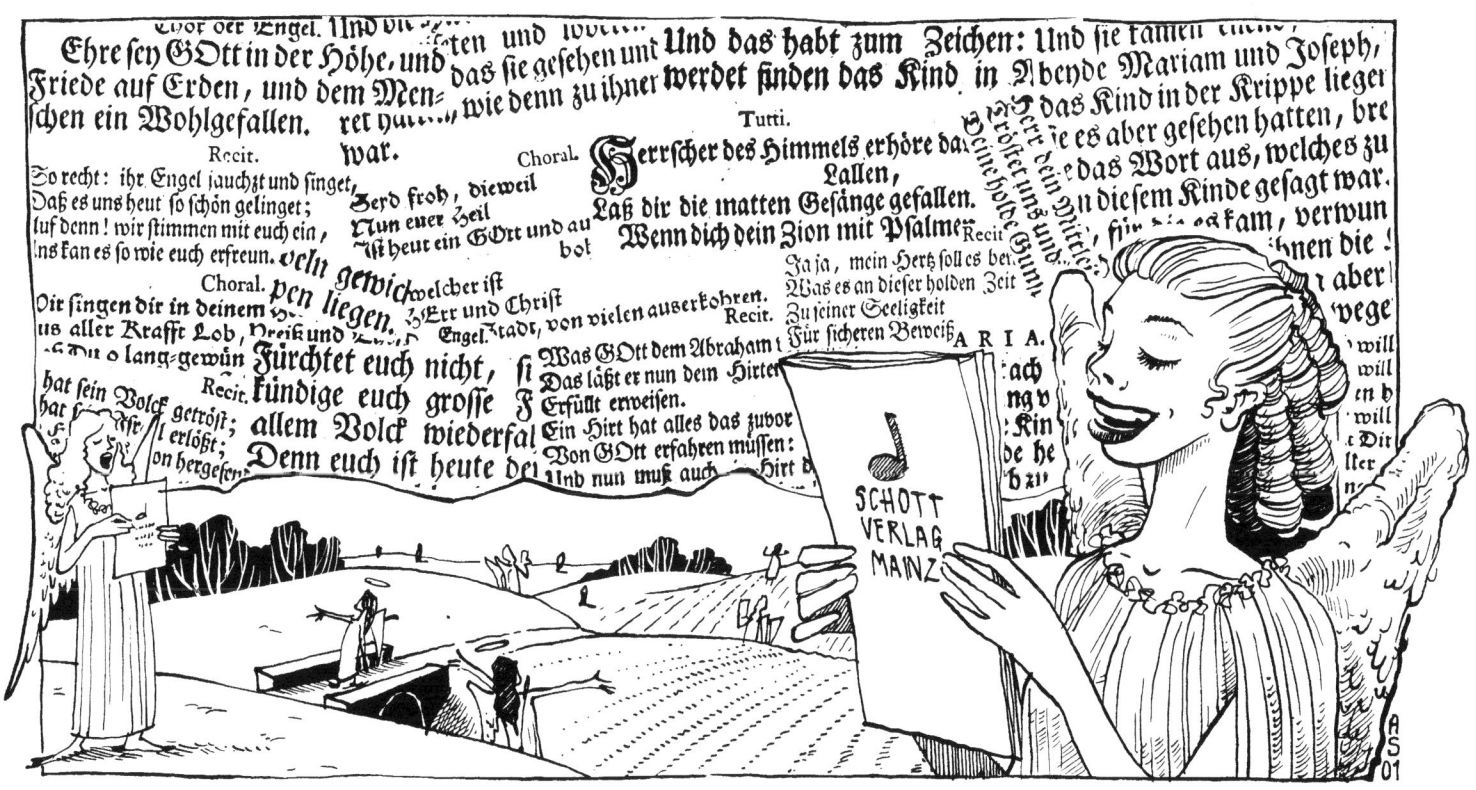

FRÖHLICHE WEIHNACHT ÜBERALL

Volksweise aus England
Deutscher Text: Chr. Fr. D. Schubart
Arr.: Hans-Günter Heumann

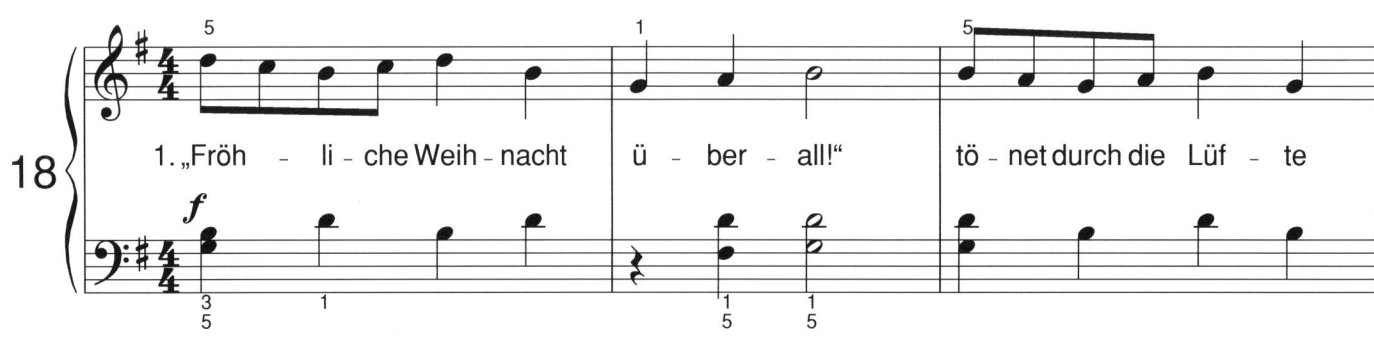

1. "Fröh - li - che Weih - nacht ü - ber - all!" tö - net durch die Lüf - te

fro - her Schall. Weih - nachts - ton, Weih - nachts - baum,

Weih - nachts - duft in je - dem Raum. "Fröh - li - che Weih - nacht

© 2001 Schott Musik International, Mainz

Lebkuchen

Im Mittelalter wurden zur Weihnachtszeit in den Klöstern die ersten Lebkuchen gebacken (das Wort stammt entweder vom lateinischen Wort „libum" = Fladen oder vom „Lebenskuchen", mit denen die Armen gelabt wurden, ab). Die Klöster, besonders in Süddeutschland, waren oft die ersten, die orientalische Gewürze wie Zimt, Nelken, Kardamom etc. bekamen. In der Stadt Nürnberg wurde das Lebkuchenbacken zur Zunft, d. h. es wurde ein Beruf daraus.

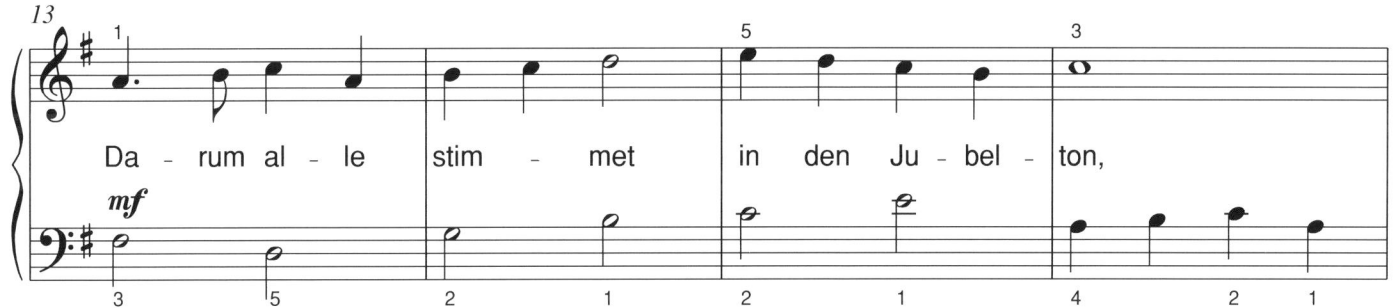

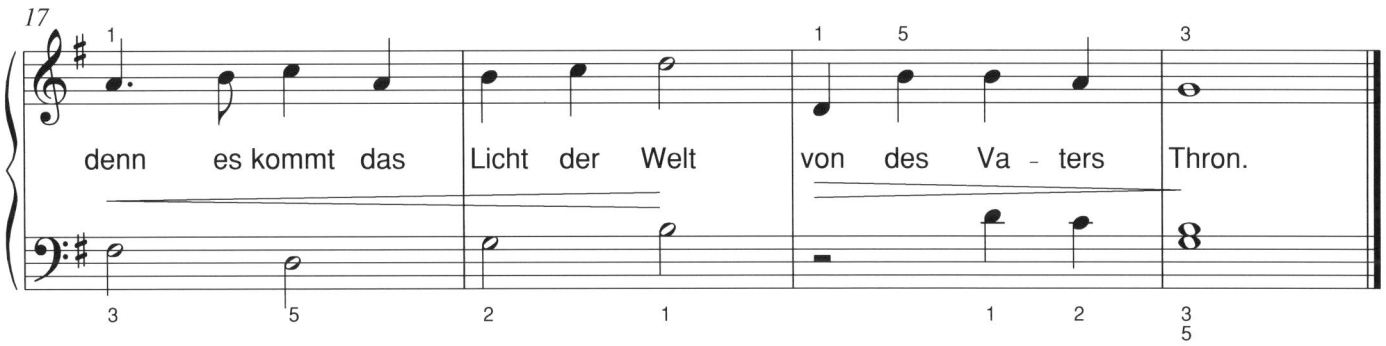

2. „Fröhliche Weihnacht überall!" …
   Licht auf dunklem Wege,
   unser Licht bist du,
   denn du führst, die dir vertrau'n,
   ein zur sel'gen Ruh'.

3. „Fröhliche Weihnacht überall!" …
   Was wir andern taten,
   sei getan für dich,
   das bekennen jeder muss,
   Christkind kam für mich.

WEIHNACHTSBESCHERUNG IN ANDEREN LÄNDERN

In **Frankreich** bringt „Père Noël" in der Nacht vom 24. zum 25. Dezember den Kindern Geschenke. Er kommt durch den Schornstein und legt seine Gaben in die aufgestellten Schuhe.

„Santa Claus" ist in **England** und den **USA** mit dem Rentierschlitten unterwegs. Er landet auf den Dächern der Häuser, schlüpft durch den Schornstein der Kamine und füllt die Strümpfe, die die Kinder dort aufgehängt haben.

In **Italien** bringt die gute Hexe „Befana" erst am 6. Januar die Geschenke. Auch sie rutscht durch den Schornstein in die Häuser hinein und füllt die aufgehängten Strümpfe oder aufgestellten Schuhe.

In **Griechenland** legt der „Heilige Vassilius" am 1. Januar den Kindern Geschenke vor das Bett.

In **Norwegen** stellen die Kinder in der Weihnachtsnacht eine Schüssel mit Grütze ans Fenster. Sie ist für die „Julinesse". Das sind Weihnachtswichtel, die mit dem „Julman" aus Lappland angereist kommen. Gibt es keine Grütze, dann machen die Wichtel jede Menge Unfug!

RUDOLPH, THE RED-NOSED REINDEER

Text und Musik: Johnny D. Marks
Arr.: Hans-Günter Heumann

Ru - dolph, the red - nosed rein - deer

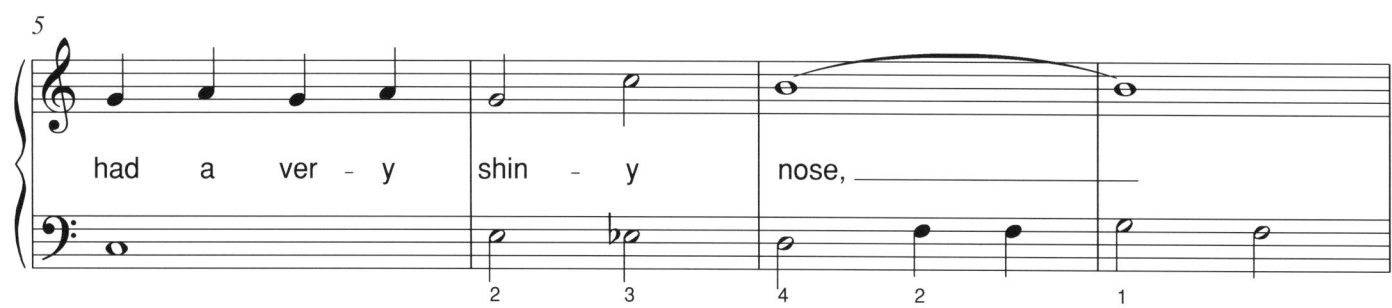

had a ve - ry shin - y nose,

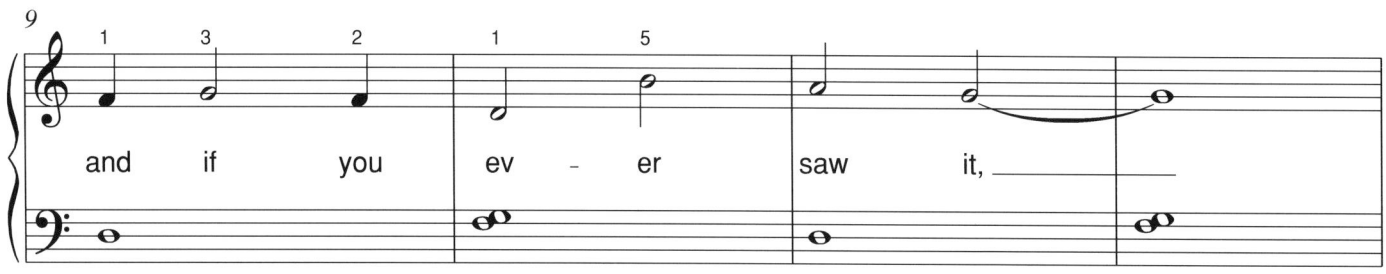

and if you ev - er saw it,

© 1949 Saint Nicholas Music Publishing Company, USA
All Rights Reserved. International Copyright Secured.
Used by Permission of Hal Leonard Europe Limited.

HERBEI, O IHR GLÄUB'GEN

O Come, All Ye Faithful

Deutscher Text: Friedrich Heinrich Ranke
nach dem lateinischen Weihnachtshymnus „Adeste fideles"
Englischer Text: John Francis Wade, Jean François Borderies
Weise: John Reading
Arr.: Hans-Günter Heumann

© 2001 Schott Musik International, Mainz

20 Bethlehem 20
Hotel

13
las - set uns an - be - ten, o las - set uns an - be - ten, o
come, let us a - dore him, o come, let us a - dore him, o
- ni - te ad - o - re - mus, ve - ni - te ad - o - re - mus, ve -
f

17
las - set uns an - be - ten den Kö - - nig!
come, let us a - dore him, ___ Christ, ___ the Lord!
- ni - te ad - o - re - - mus ___ Do - mi - num.

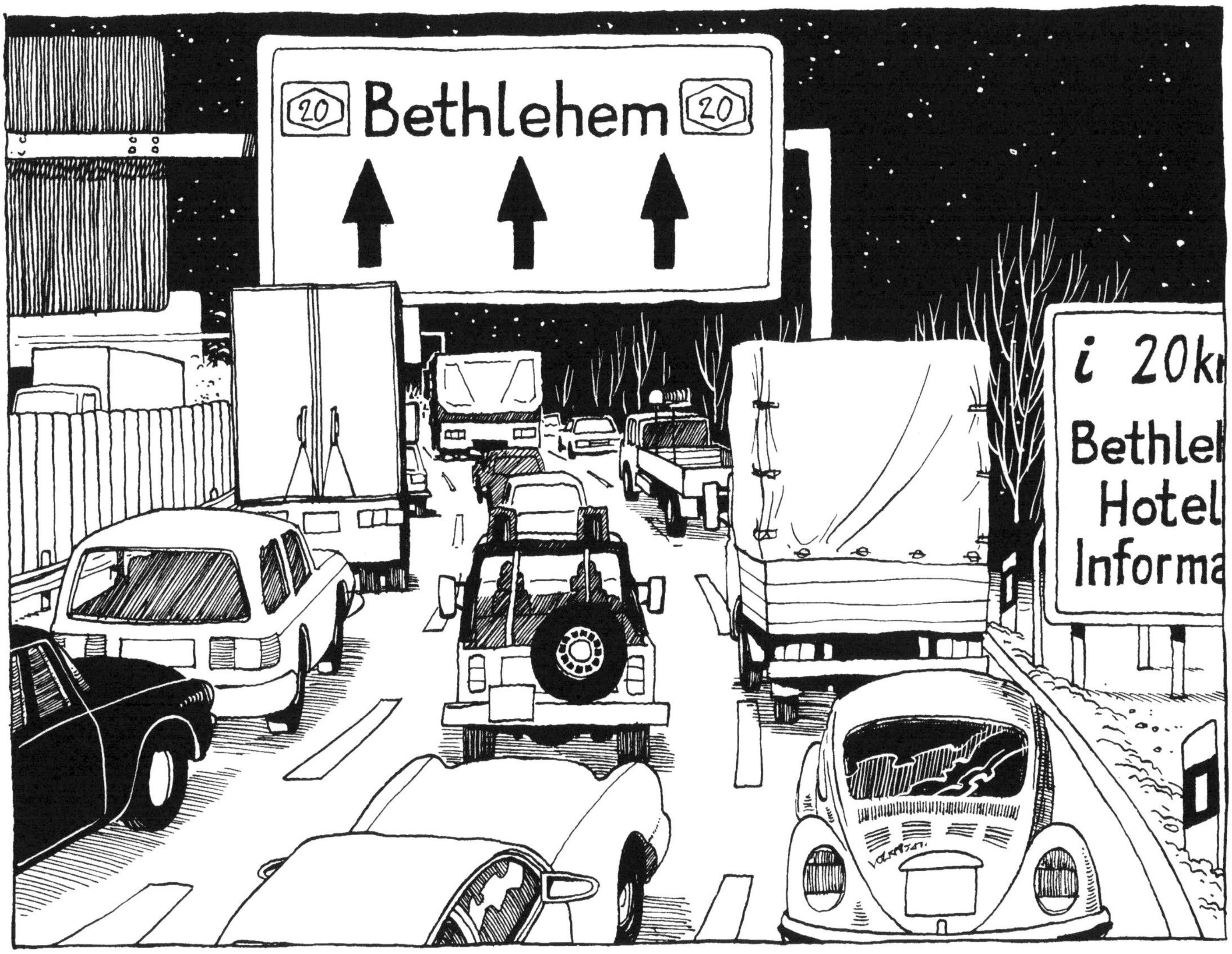

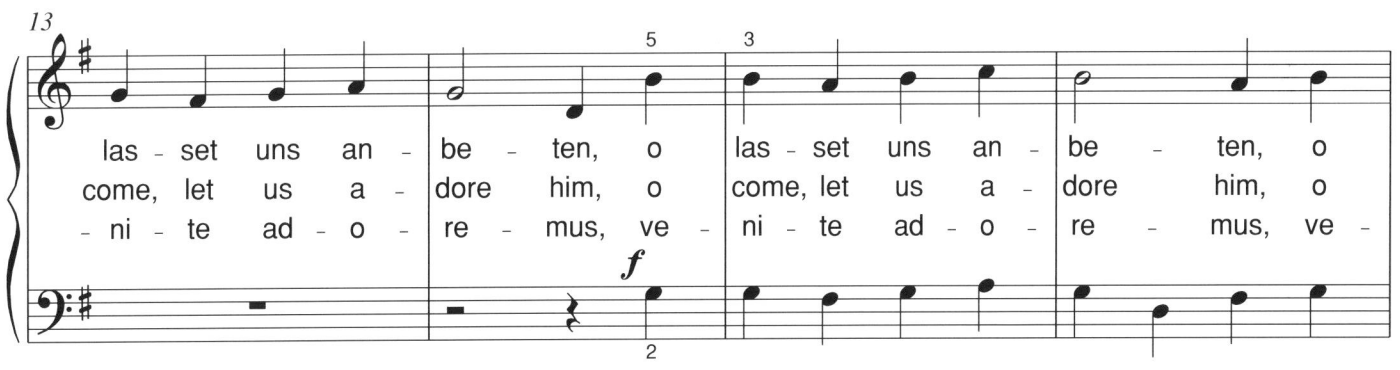

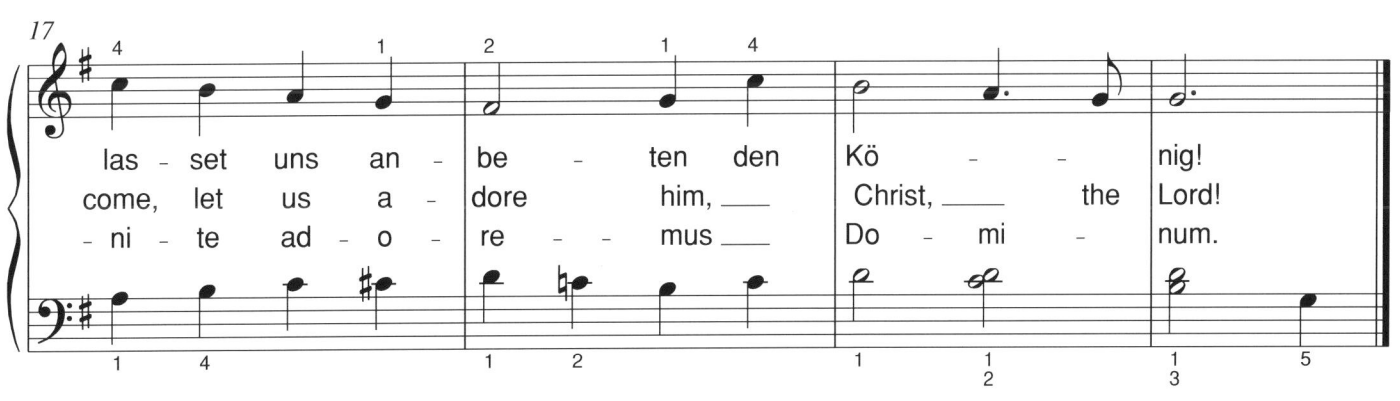

AM WEIHNACHTSBAUM DIE LICHTER BRENNEN

Worte: Hermann Kletke
Weise: Deutsches Volkslied
Arr.: Hans-Günter Heumann

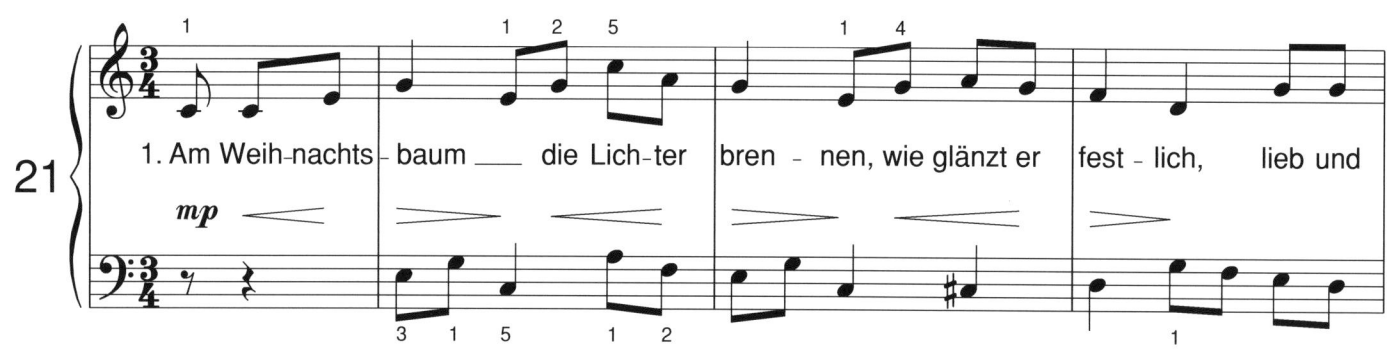

© 2001 Schott Musik International, Mainz

2. Die Kinder stehen mit hellen Blicken,
   das Auge lacht, es lacht das Herz;
   o fröhlich seliges Entzücken!
   Die Alten schauen himmelwärts.

3. Zwei Engel sind hereingetreten,
   kein Auge hat sie kommen sehn;
   sie gehen zum Weihnachtstisch und beten
   und wenden wieder sich und gehen.

4. Gesegnet seid ihr alten Leute,
   gesegnet sei du kleine Schar!
   Wir bringen Gottes Segen heute
   dem braunen wie dem weißen Haar.

O TANNENBAUM

Worte: Ernst Anschütz
Weise: aus dem 18. Jahrhundert
Arr.: Hans-Günter Heumann

2. O Tannenbaum, o Tannenbaum,
du kannst mir sehr gefallen!
Wie oft hat nicht zur Weihnachtszeit
ein Baum von dir mich hocherfreut!
O Tannenbaum, o Tannenbaum,
du kannst mir sehr gefallen!

3. O Tannenbaum, o Tannenbaum,
dein Kleid will mich was lehren:
Die Hoffnung und Beständigkeit
gibt Trost und Kraft zu jeder Zeit.
O Tannenbaum, o Tannenbaum,
das will dein Kleid mich lehren.

Der Weihnachtsbaum

Die ersten Weihnachtsbäume (gegen Ende des 16. Jahrhunderts im Elsass) waren mit Papier, Äpfel, Backwerk und Zuckerzeug geschmückt.
In Deutschland hielt der Tannenbaum erst Anfang des 19. Jahrhunderts Einzug in die Weihnachtsstuben, wo er auch mit Kerzen und Lametta geschmückt wurde.

INMITTEN DER NACHT

Volksweise aus dem Kinzigtal
Arr.: Hans-Günter Heumann

© 2001 Schott Musik International, Mainz

2. Die Hirten im Feld
verließen ihr Zelt.
Sie gingen mit Eilen,
ganz ohne Verweilen
dem Krippelein zu,
ja, ja, der Hirt und der Bu'.

3. Sie fanden geschwind
das göttliche Kind.
Es herzlich zu grüßen
es zärtlich zu küssen
sie waren bedacht,
ja, ja, die selbige Nacht.

4. Es lächelt sie an,
so lieb als es kann.
Es will ihnen geben,
das himmlische Leben,
die göttliche Gnad',
ja, ja, und was es nur hat.

2. Euch ist ein Kindlein heut' geboren,
von einer Jungfrau auserkorn,
ein Kindelein so zart und fein,
das soll eu'r Freud' und Wonne sein!

3. Es ist der Herr Christ, unser Gott,
der will euch führn aus aller Not,
er will eu'r Heiland selber sein,
von allen Sünden machen rein.

DIE WEIHNACHTSGESCHICHTE

... nach dem originalen Bibeltext aus Lukas 2, Vers 1–20, in der Übersetzung von Martin Luther

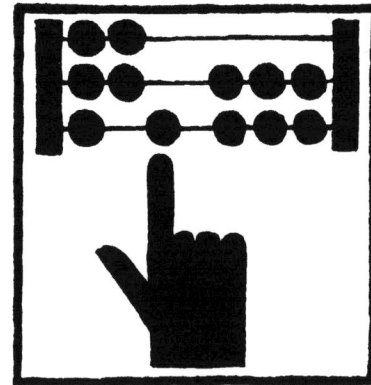

Es begab sich aber zu der Zeit, dass ein Gebot von dem Kaiser Augustus ausging, dass alle Welt geschätzt würde. Und diese Schätzung war die allererste und geschah zur Zeit, da Cyrenius Landpfleger in Syrien war. Und jedermann ging, dass er sich schätzen ließe, ein jeglicher in seine Stadt.

Da machte sich auch auf Joseph aus Galiläa, aus der Stadt Nazareth, in das jüdische Land zur Stadt Davids, die da heißt Bethlehem, darum dass er von dem Hause und Geschlechte Davids war, auf dass er sich schätzen ließe mit Maria, seinem vertrauten Weibe; die war schwanger.

Und als sie daselbst waren, kam die Zeit, dass sie gebären sollte. Und sie gebar ihren ersten Sohn und wickelte ihn in Windeln und legte ihn in eine Krippe; denn sie hatten sonst keinen Raum in der Herberge.

Und es waren Hirten in derselben Gegend auf dem Felde bei den Hürden, die hüteten des Nachts ihre Herde. Und siehe, des Herrn Engel trat zu ihnen, und die Klarheit des Herrn leuchtete um sie; und sie fürchteten sich sehr. Und der Engel sprach zu ihnen: Fürchtet euch nicht! Siehe, ich verkündige euch große Freude, die allem Volk widerfahren wird; denn euch ist heute der Heiland geboren, welcher ist Christus, der Herr, in der Stadt Davids. Und das habt zum Zeichen: Ihr werdet finden das Kind in Windeln gewickelt und in einer Krippe liegen. Und alsbald war da bei dem Engel die Menge der himmlischen Heerscharen, die lobten Gott und sprachen: Ehre sei Gott in der Höhe und Friede auf Erden und den Menschen ein Wohlgefallen.

Und da die Engel von ihnen gen Himmel fuhren, sprachen die Hirten untereinander: Lasst uns nun gehen nach Bethlehem und die Geschichte sehen, die da geschehen ist, die uns der Herr kundgetan hat. Und sie kamen eilend und fanden beide, Maria und Joseph, dazu das Kind in der Krippe liegen.
Da sie es aber gesehen hatten, breiteten sie das Wort aus, welches zu ihnen von diesem Kinde gesagt war. Und alle, vor die es kam, wunderten sich der Rede, die ihnen die Hirten gesagt hatten. Maria aber behielt alle diese Worte und bewegte sie in ihrem Herzen. Und die Hirten kehrten wieder um, priesen und lobten Gott um alles, was sie gehört und gesehen hatten, wie denn zu ihnen gesagt war.

THE FIRST NOWELL
(In der ersten heil'gen Nacht)

Worte und Weise: aus England
deutscher Text: Monika Heumann
Arr.: Hans-Günter Heumann

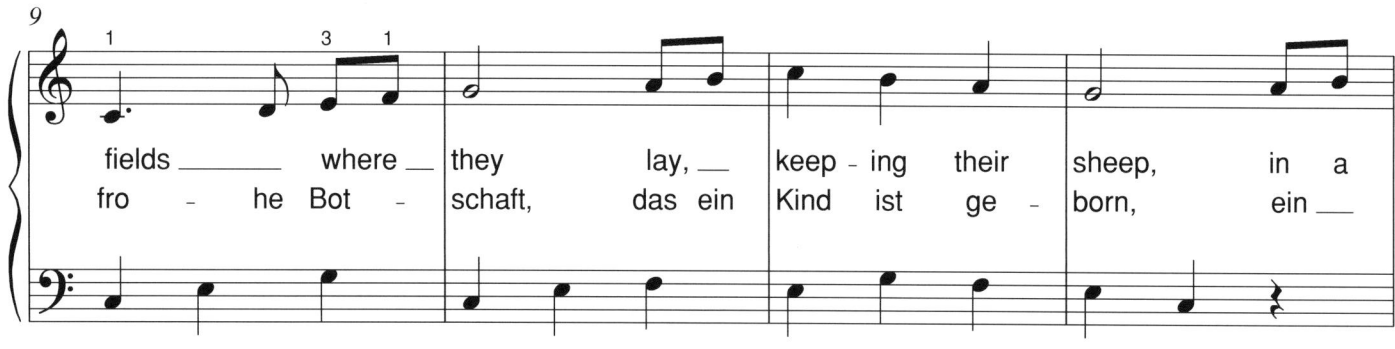

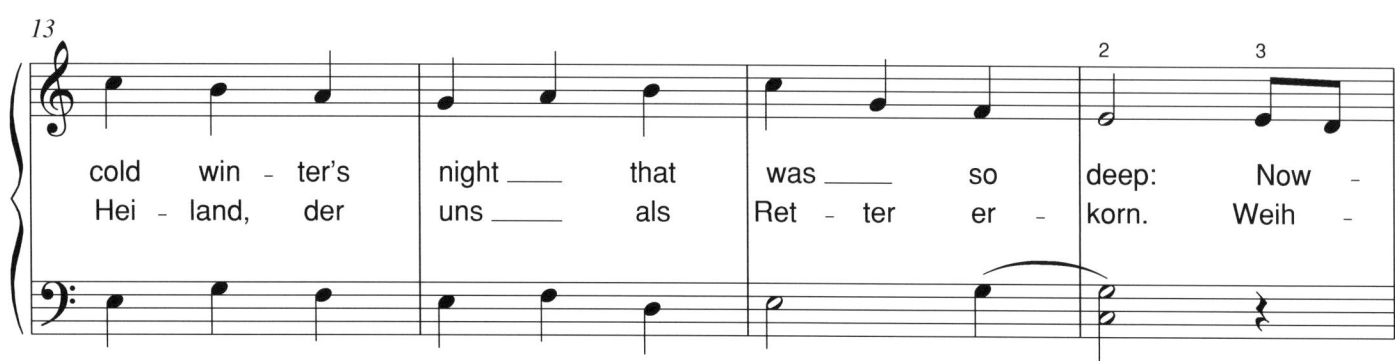

© 2001 Schott Musik International, Mainz

- ell, Now - ell, Now - ell, Now - ell,
- nacht, Weih - nacht, Weih - nacht, Weih - nacht,

born is the King of Is - ra - el!
En - gel den Hir - ten die Bot - schaft 'bracht.

ES IST EIN ROS' ENTSPRUNGEN

Worte: Michael Praetorius
Weise: aus Köln, 1599
Arr.: Hans-Günter Heumann

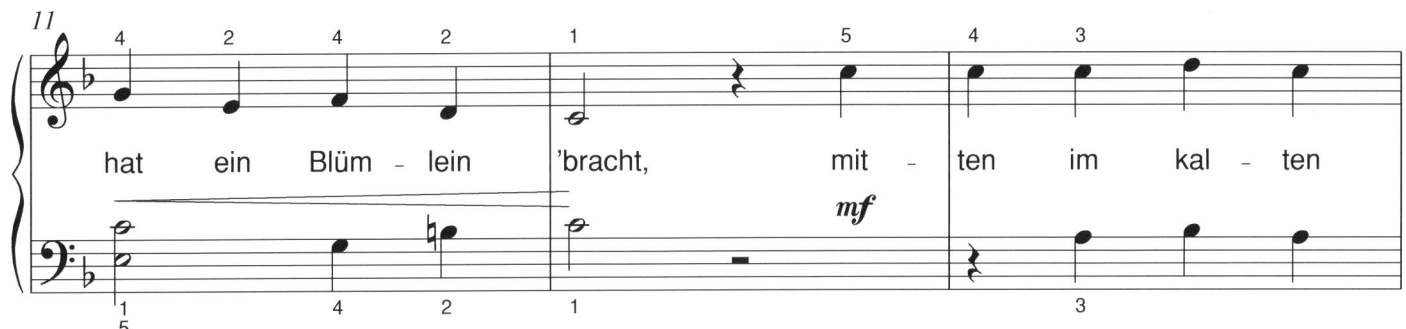

2. Das Blümlein, das ich meine,
davon Jesaja sagt,
hat uns gebracht alleine
Marie, die reine Magd.
Aus Gottes ew'gem Rat
hat sie ein Kind geboren
wohl zu der halben Nacht.

3. Das Blümlein, das kleine,
das duftet uns so süß;
mit seinem hellen Scheine
vertreibt's die Finsternis,
wahr' Mensch und wahrer Gott,
hilft uns aus allem Leide,
rettet von Sünd' und Tod.

4. O Jesu, bis zum Scheiden
aus diesem Jammertal,
lass dein' Hilf' geleiten
hin bis zum Freudensaal,
in deines Vaters Reich,
da wir dich ewig loben;
o Gott, uns das verleih!

Barbarazweige

Am 4. Dezember ist der Tag der heiligen Barbara. Wenn du an diesem Tag einige Zweige in eine Vase stellst, blühen sie dann am Weihnachtstag. Das bedeutet Glück für das ganze Jahr.

TOCHTER ZION, FREUE DICH

aus dem Oratorium „Judas Makkabäus"

Worte: Johann Joachim Eschenburg
Musik: Georg Friedrich Händel
Arr.: Hans-Günter Heumann

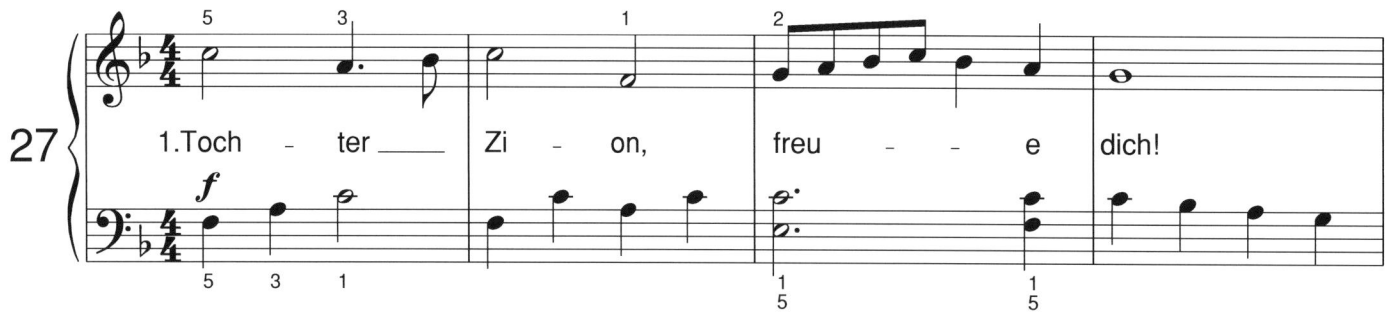

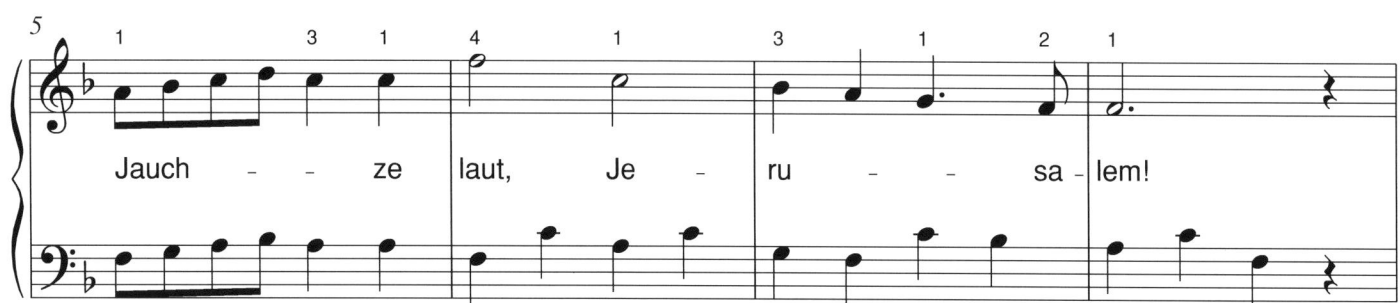

© 2001 Schott Musik International, Mainz

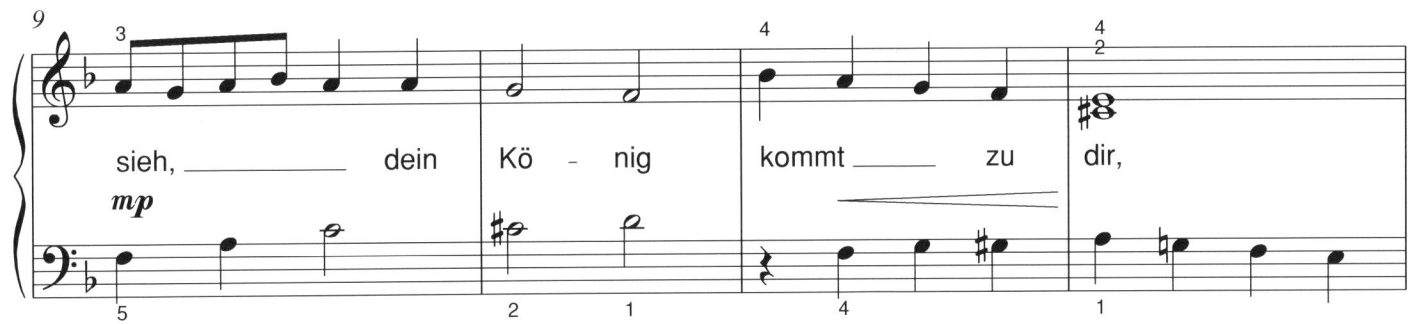
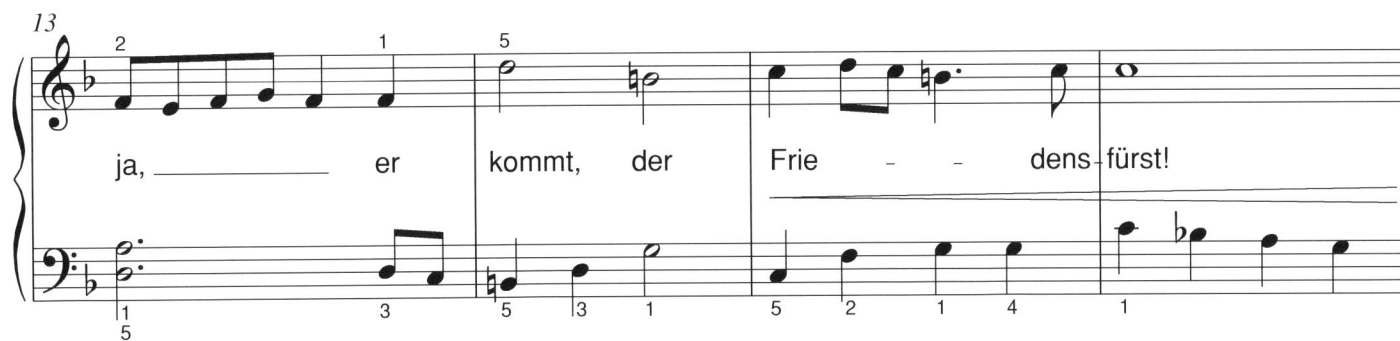

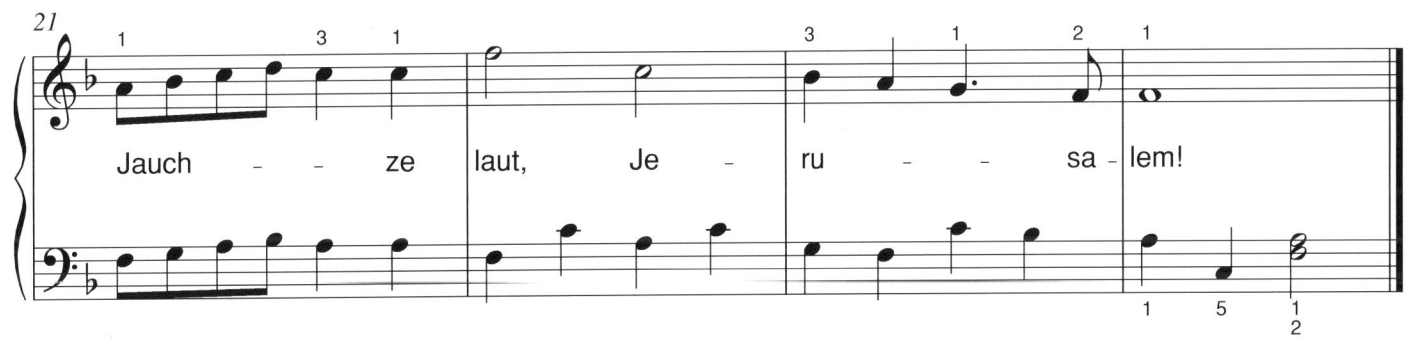

2. Hosianna, Davids Sohn! Sei gesegnet deinem Volk!
   Gründe nun dein ew'ges Reich! Hosianna in der Höh'!
   Hosianna, Davids Sohn! Sei gesegnet deinem Volk!

3. Hosianna, Davids Sohn! Sei gegrüßet, König mild!
   Ewig steht dein Friedensthron, du des ew'gen Vaters Kind!
   Hosianna, Davids Sohn! Sei gegrüßet, König mild!

IN DER WEIHNACHTSBÄCKEREI

Musik und Text: Rolf Zuckowski
Arr.: Hans-Günter Heumann

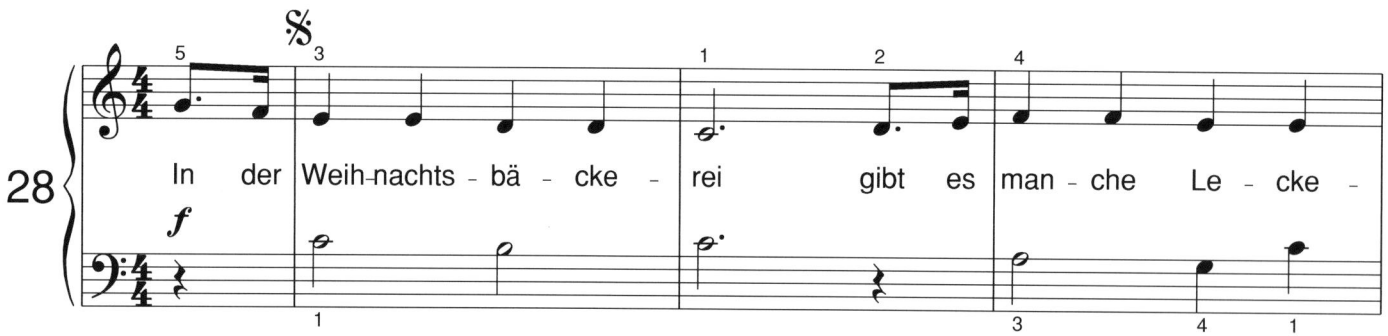

© Mit freundlicher Genehmigung MUSIK FÜR DICH Rolf Zuckowsky OHG, Hamburg

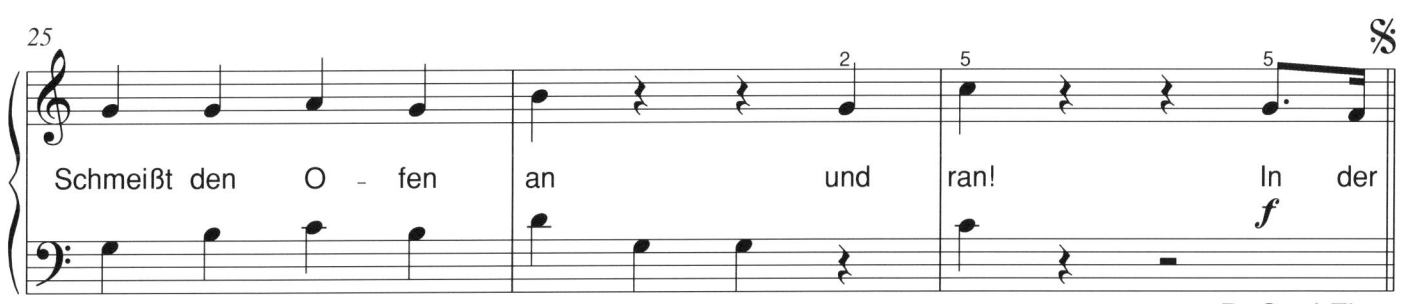

D. S. al Fine

AUS DER WEIHNACHTSBÄCKEREI

Weihnachtsplätzchen

Du brauchst:

- 300 g Mehl
- 75 g gemahlene Mandeln
- 2 Eier
- 175 g Zucker
- 180 g weiche Butter
- 2 Esslöffel Kakao
- 2 Teelöffel Lebkuchengewürz

Das musst du tun:

Alles in eine Rührschüssel geben und mit den Knethaken einer Küchenmaschine zu einem glatten Teig verarbeiten. Den Teig in Frischhaltefolie wickeln und im Kühlschrank 30 Minuten ruhen lassen.
Dann auf einer bemehlten Arbeitsfläche mit dem Nudelholz ausrollen und mit Förmchen viele verschiedene Figuren ausstechen, die du auf ein mit Backpapier ausgelegtes Backblech legst.
Im vorgeheizten Backofen (deine Mutter wird dir sicher helfen!) bei 180° (E-Herd) 10–12 Minuten backen. Kekse auf einem Kuchenrost auskühlen lassen … Fertig!

Guten Appetit!

WE WISH YOU A MERRY CHRISTMAS
(Wir wünschen dir frohe Weihnacht)

Worte und Weise: aus England
deutscher Text: Monika Heumann
Arr.: Hans-Günter Heumann

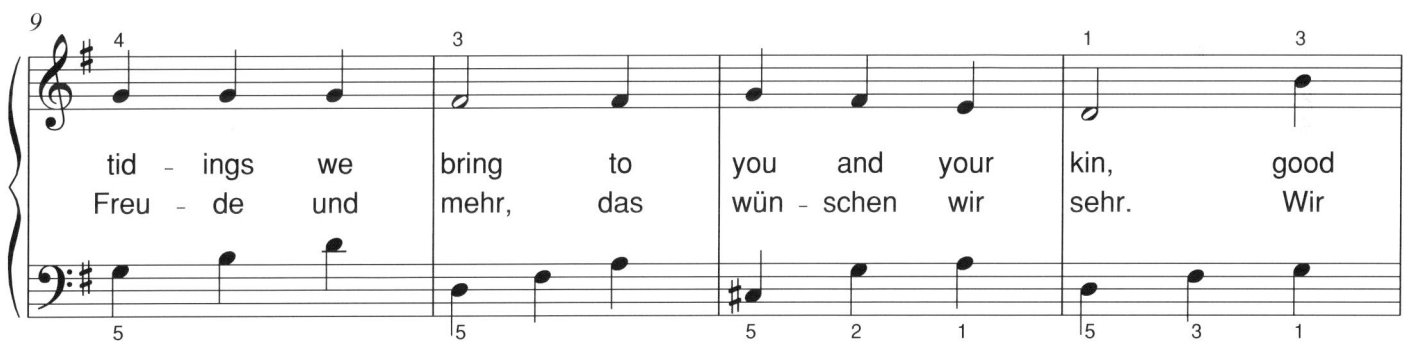

© 2001 Schott Musik International, Mainz

JOY TO THE WORLD
(Freue dich, Welt)

Worte: Isaac Watts
Musik: Georg Friedrich Händel
deutscher Text: Monika Heumann
Arr.: Hans-Günter Heumann

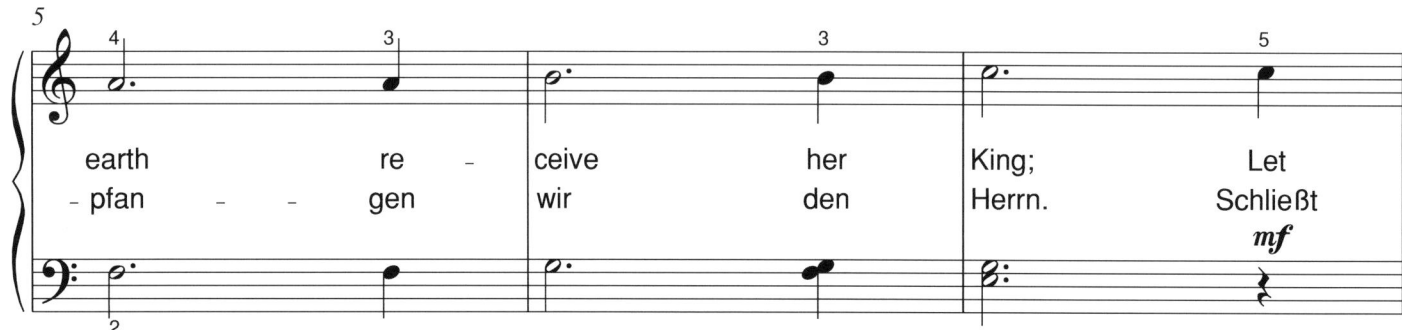
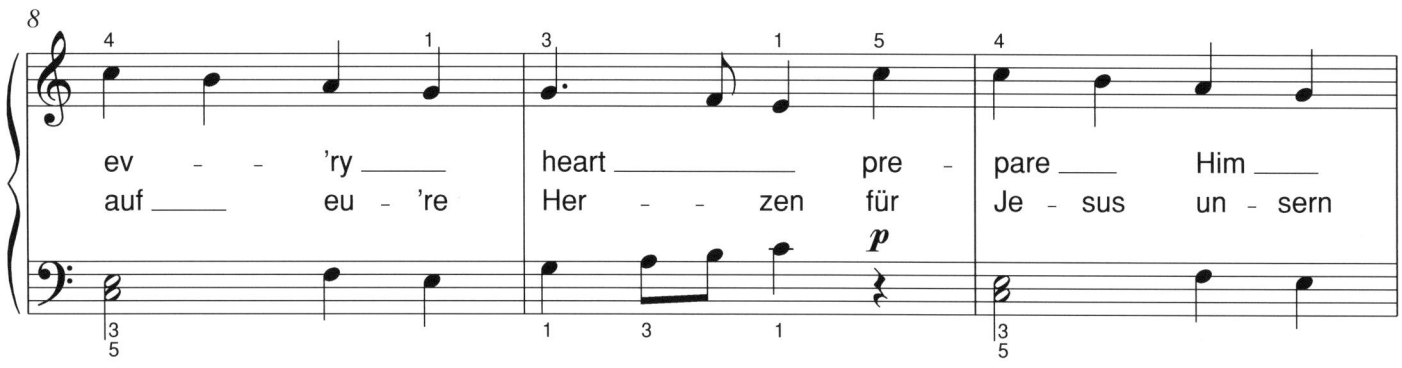

© 2001 Schott Musik International, Mainz

15
heav'n and na - ture sing, and hea - ven and
Him - mel ist voll Ge - sang, der Him - mel ist
18
heav - - en and na - ture sing.
voll Ge - sang.

VALVA PULMONALIS
VALVA TRICUSPIDALIS
VENTRICULUS CORDIS DEXTER

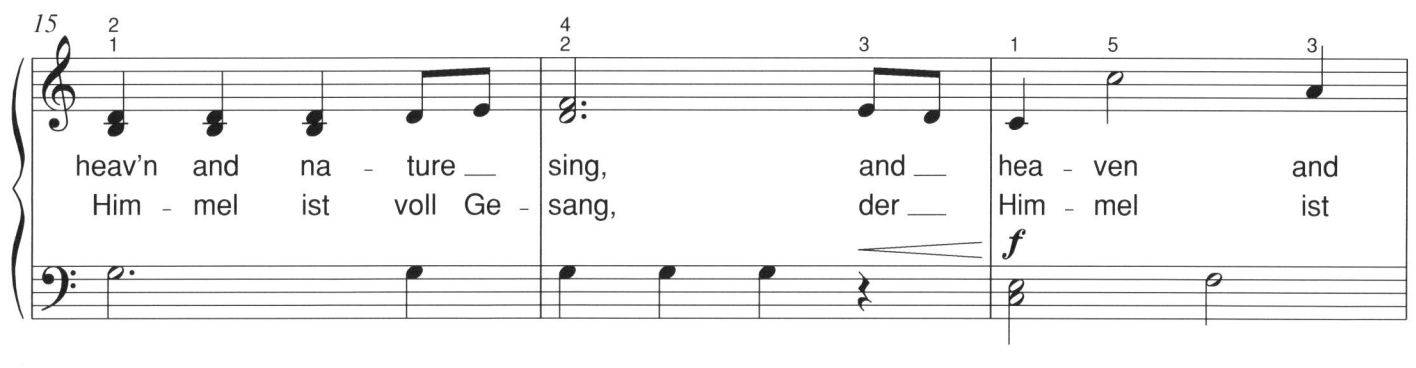

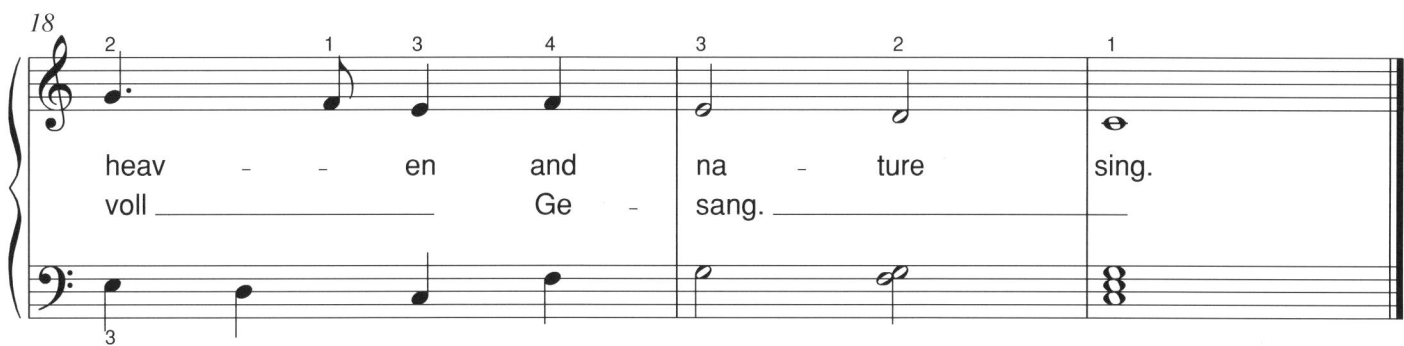

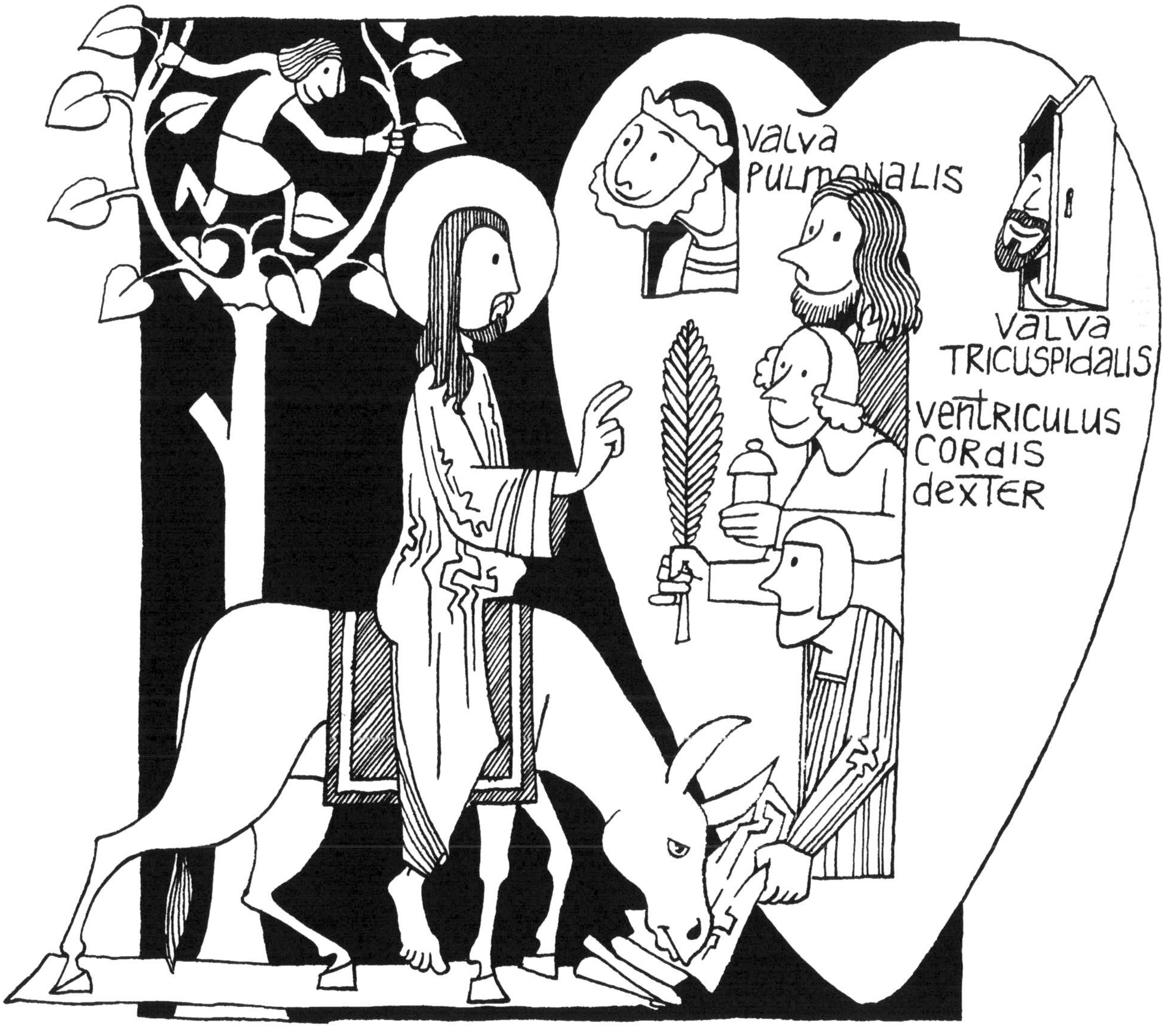

IN DULCI JUBILO

Worte und Weise aus dem 14. Jahrhundert
Arr.: Hans-Günter Heumann

STILL, STILL, STILL

Worte und Weise: aus Salzburg
Arr.: Hans-Günter Heumann

2. Schlaf, schlaf, schlaf,
   mein liebes Kindlein schlaf!
   Die Engel tun schön musizieren,
   bei dem Kindlein jubilieren.
   Schlaf, …

3. Groß, groß, groß,
   die Lieb' ist übergroß!
   Gott hat den Himmelsthron verlassen
   und muss reisen auf den Straßen
   Groß …

DECK THE HALL

(Komm und schmück das Weihnachtszimmer)

Walisisches Volkslied
deutscher Text: Monika Heumann
Arr.: Hans-Günter Heumann

33

Deck the hall with boughs of hol-ly; Fa, la, la, la, la, la, la, la, la.
Komm und schmück das Weih-nachts-zim-mer; Fa, la, la, la, la, la, la, la, la.

'Tis the sea-son to be jol-ly, Fa, la, la, la, la, la, la, la, la.
Tan-nen-zweig mit gold'-nem Schim-mer; Fa, la, la, la, la, la, la, la, la.

Don we now our gay ap-par-el; Fa, la, la, la, la, la, la, la, la.
Mis-tel-zweig und ro-te Schlei-fen; Fa, la, la, la, la, la, la, la, la.

Troll the an-cient Yule-tide car-ol; Fa, la, la, la, la, la, la, la, la.
Al-le Her-zen soll's er-rei-chen; Fa, la, la, la, la, la, la, la, la.

© 2001 Schott Musik International, Mainz

PETERSBURGER SCHLITTENFAHRT

Thema aus op. 57

Richard Eilenberg
Arr.: Hans-Günter Heumann

*) Der Ton g kann auch weggelassen werden:

WEIHNACHTEN

Markt und Straßen stehn verlassen,
still erleuchtet jedes Haus,
sinnend geh' ich durch die Gassen,
alles sieht so festlich aus.

An den Fenstern haben Frauen
buntes Spielzeug fromm geschmückt,
tausend Kindlein stehn und schauen,
sind so wunderstill beglückt.

Und ich wandre aus den Mauern
bis hinaus ins freie Feld,
hehres Glänzen, heil'ges Schauern!
Wie so weit und still die Welt!

Sterne hoch die Kreise schlingen,
aus des Schnees Einsamkeit
steigt's wie wunderbares Singen –
O du gnadenreiche Zeit!

    Joseph von Eichendorff